Si «el Pedra» pudiera hablar contaría
la historia misma de la escalada que se
ha ido escribiendo en su pétrea piel,
desde los trazos de los pioneros por
las evidentes canales y chimeneas
de la cara norte hasta las rectilíneas
vías de la lisa cara sur, brillante
de parabolts. Hoy esta montaña de
inconfundible silueta ha dejado
atrás la efervescencia de la escalada
que vivió en el pasado pero sigue
siendo un destino imperecedero para
quienes creen en la magia.

AFORCA

E L SOL SE LEVANTA temprano y empieza a calentar sin demora, como corresponde a un veraniego 30 de junio. Cuatro hombres salen al alba del santuario de Gresolet, donde han pasado la noche, ataviados con camisas, pantalones bávaros, calcetines de lana y botas. Llevan también una cuerda de cáñamo en bandolera y una idea fija en la mente: escalar la pared norte del Calderer. No ha sido fácil llegar hasta aquí; son necesarios al menos tres días para ir y volver desde Barcelona, en tren hasta Guardiola, de allí a Baga, al coll de la Bauma y a Gresolet. Atraviesan el bosque sin camino evidente hasta alcanzar el pie de la sombría muralla. Se calzan las alpargatas de payés que llevaban en sus mochilas, toman un tentempié, se anudan a la cintura la cuerda con un as de guías, se lían un cigarro y empiezan la escalada. Ya conocen el terreno. Es su cuarta vez aquí; incluso una de las ocasiones descendieron desde arriba para explorar la salida, pero el tramo central de la pared, de unos 200 metros, sigue siendo una incógnita.

Asegurándose con la cuerda pasada por el hombro, van ascendiendo largo a largo, utilizando los resaltes de roca o las ramas a modo de seguro, o simplemente haciendo contrapeso con su cuerpo o embutidos en alguna pequeña cueva. Buscando siempre el camino más lógico, atraviesan la Feixa, alcanzan el Collet del Dit, se adentran en terreno desconocido y sus manos se aferran con fuerza a la roca en el aéreo y dudoso flanqueo a la izquierda, donde superan pasos de IVº. Respiran aliviados al comprobar que el flanqueo les conduce al Jardín, desde donde siguen subiendo por rampas y fisuras hasta llegar, unas seis horas después de haber comenzado, a la cumbre del Calderer. Se abrazan con fuerza: lo "imposible" ha sido vencido.

Así fue como aquel 30 de junio de 1928, Lluís Estasen, Josep Puntas, Jofre Vila y Josep Rovira hacen historia ascendiendo por primera vez la pared norte del Pedraforca, un hito que marca el inicio de la escalada como tal en el macizo y en toda Cataluña.

Estasen, referente

Por entonces Lluís Estasen tenía 37 años y no era en absoluto un primerizo. Enamorado de las montañas de su juventud, y especialmente del Pedraforca desde que acudió a Gósol a tratarse de unos problemas de salud, contaba ya con una dilatada actividad por el Pirineo. En 1918, con su socio Antoni Armengué —con quien regentaba un taller mecánico y de recambios en la Rambla de Barcelona— realizó una travesía por todo el Pirineo catalán y aragonés. En el Pedraforca ya había realizado la primera inver-

FOTOS: ARCHIVO CEC

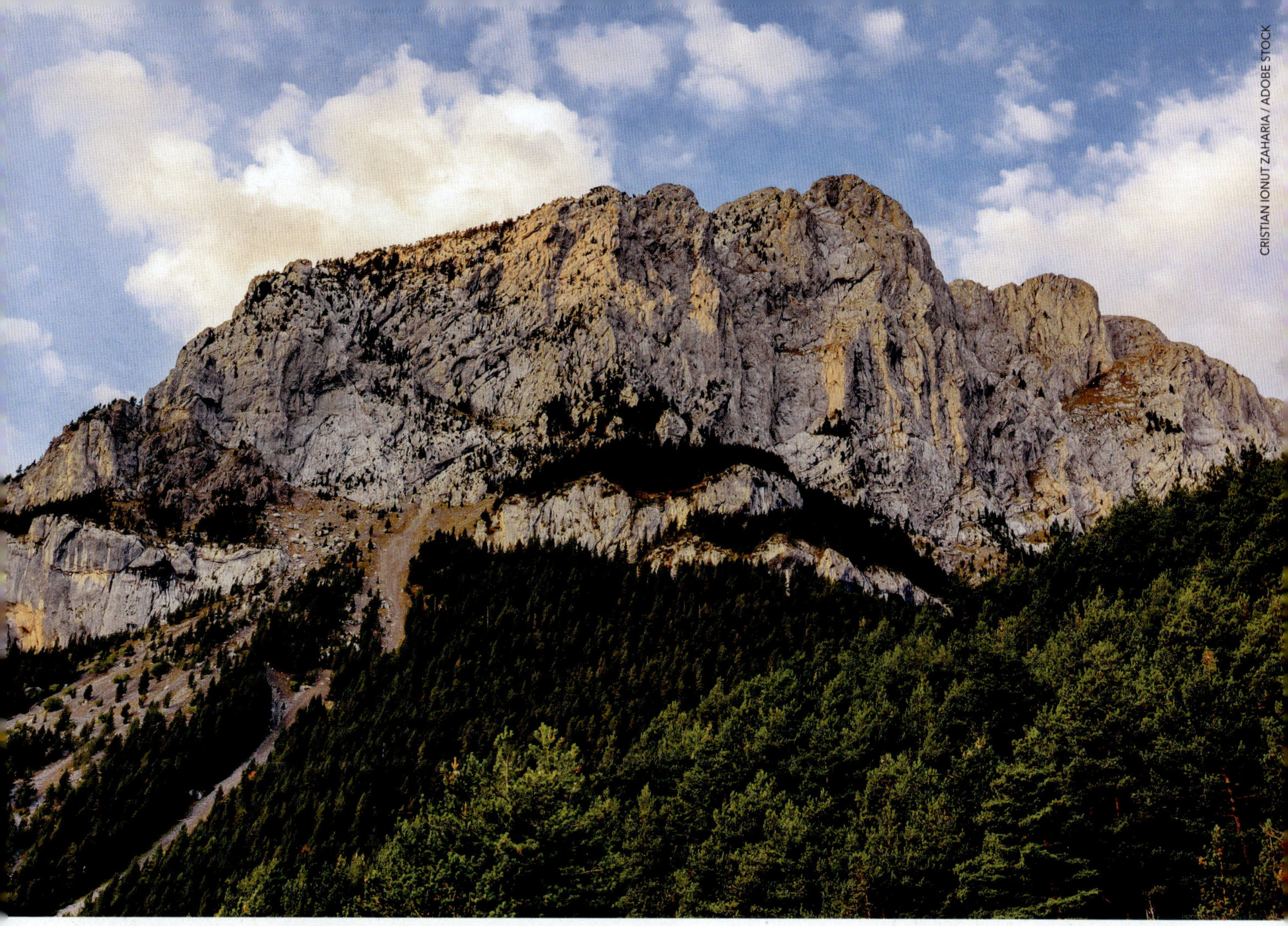

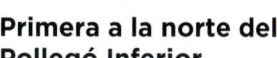

CRISTIAN IONUT ZAHARIA / ADOBE STOCK

nal en 1919, junto con Badia, Guilera y Puntas, así como la primera a la *Vía de la Grallera* en 1922 con Domenech, Puntas y Navarro, compañeros del CEC (*Centre Excursionista de Catalunya*), pionero club al que se había afiliado cuando tenía 20 años. Otras como la primera al montserratino Gorro Frigi (1920), la primera española con esquís al Aneto (1922) o la primera absoluta del corredor que llevará su nombre en el Aneto (1930) están entre su amplio legado.

Dos años después de la ya conocida como *Vía Estasen* al Calderer, él mismo la repitió con compañeros instalando dos clavos como elementos de seguridad, tal y como hacían por entonces en los países alpinos. El contacto de Lluís con los extranjeros llegados a Barcelona huyendo de la gran guerra le aportó nuevos conocimientos. Cuando en 1929 el CEC le entregó su medalla de oro anual por esta ascensión, él lo agradeció con estas palabras: «Creo que se quiere premiar el excursionismo puro, a los que no pudiendo ser científicos por falta de medios, solamente buscamos en la montaña la contemplación de la gran obra: la Naturaleza». Estasen fue de los primeros montañeros globales en todo el territorio español, que practicó con espíritu deportivo el excursionismo, la escalada en roca, el esquí y el alpinismo en todas las estaciones del año.

Primera a la norte del Pollegó Inferior

En 1933 se abrió la siguiente gran vía del macizo, en la norte del Pollegó Inferior por Albert Casanellas y Andreu Xandri, que por entonces tenían solo 18 y 16 años respectivamente. Tal y como recoge su relato publicado en el boletín nº 466 del CEC, Casanellas y Xandri visualizaron su objetivo en una excursión previa al Pedraforca, acompañados del padre de Andreu, en la que se quedaron maravillados por «la audaz pared del Pollegó Inferior que cae a plomo». Unos días después, un 24 de julio, ya solos «porque mi padre no quiere seguir nuestras acrobacias»,

La muralla norte del Pedraforca, a la que en los inicios se accedía desde el bosque de Gresolet, fue el principal objetivo de los primeros exploradores de la montaña. Abajo, boletín del CEC de mayo 1929 que recoge la concesión de la medalla de oro a Lluís Estasen. Fundado en 1891, el CEC fue uno de los primeros centros excursionistas de Cataluña y de todo el estado español.

Any XXXIX   Maig de 1929   Núm. 408

Butlletí
Excursionista de Catalunya

MEDALLA D'OR
DEL
CENTRE EXCURSIONISTA DE CATALUNYA
INSTITUIDA PEL SENYOR RAFEL PATXOT I JUBERT EN 1922

MEDALLISTES

I ANY 1923. - SR. CÈSAR A. TORRAS I FERRERI †
II » 1924. - » ROSSEND SERRA I PAGÈS †
III » 1925. - » PELEGRÍ CASADES I GRAMATXES
IV » 1926. - » IGNASI FOLCH I GIRONA
V » 1927. - » FRANCESC MATHEU I FORNELLS
VI » 1928. - » LLUÍS ESTASEN I PLA

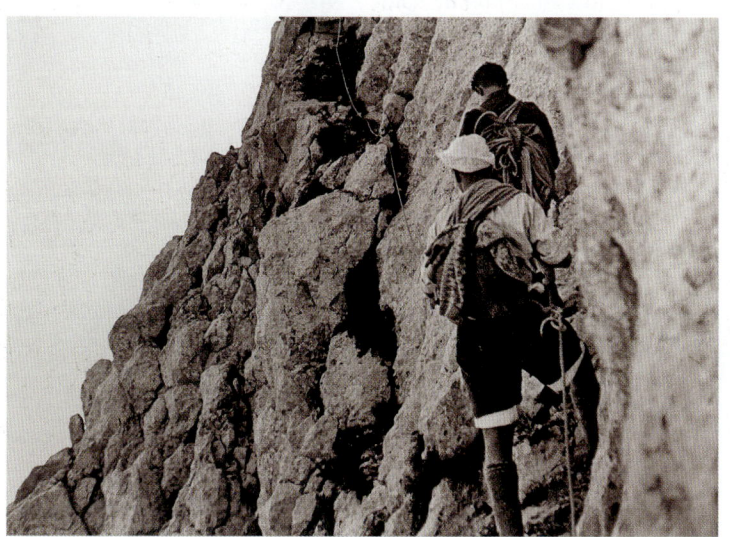

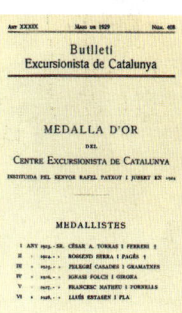

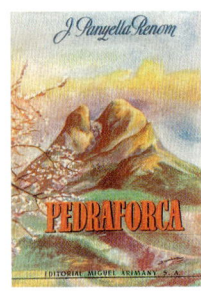

escribe Albert, llegan hasta el canal central de la pared, por donde habían planeado subir, echándose a suertes quién iría en cabeza. Con sus alpargatas logran superar el primer obstáculo, un pequeño desplome en el que encuentran unas presas a las que se aferran con los dedos insensibles por el frío, y es que «el sol no acostumbra a dialogar con las entrañas de la canal», relatan. La canal se convierte en muralla y han de flanquearla hacia la derecha, por unas «presas insignificantes para los dedos» en el que fue uno de los momentos más impresionantes de la jornada. Tras superar un terreno descompuesto, encuentran después una chimenea que «es la puerta de aquel paraíso. Dejamos una inscripción en unas piedras. Una fácil trepada y estamos en una pequeña plataforma. Las rocas, afiladas por los elementos, resplandecen ahora bajo la luz de la mañana. ¡Es la cima! Dulce armonía, paz inextricable de espíritu. ¡Gozo!», escribe Albert en una crónica que ganó un premio en el concurso literario de la sección de montaña del CEC.

Primer libro de ascensiones del macizo, escrito por Jordi Panyella en 1951. A la derecha, Jaume Recie, Josep Piqué y María Antonia Simó en la cima del Calderer, año 1944, con las cuerdas de cáñamo con las que escalaban, anudadas a la cintura. Abajo, Albert Casanellas y Andreu Xandri, que solo tenían 18 y 16 años respectivamente cuando ascendieron su *Xandri/Casanellas* por la canal norte (1933). Y la escaladora Carme Romeu, miembro de la primera cordada en ascender al Gat de Pedraforca en 1941 (la foto es en Montserrat, donde fue de las primeras mujeres en subir al Cavall Bernat, ese mismo año).

Homedes y el rayo

Otra de las grandes clásicas llegó en 1935, a cargo de la cordada formada por Francesc Homedes, Bernat Boixeda y Ramón Albareda, que el 8 de septiembre ascienden a la brecha oriental del Calderer trazando una línea atractiva que concluye en la cumbre del Cap del Gat. Sin embargo, esta empresa tiene un

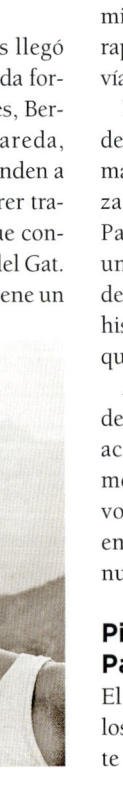

COL. Mª ANTONIA SIMÓ

trágico final para Homedes, que fallece fulminado por un rayo en la misma cima, cuando se disponía a rapelar, quedando el nombre de la vía como homenaje a su figura.

Hoy en día esta escalada es una de las clásicas imprescindibles del macizo, que sorprende por su trazado en el año que fue realizada. Para ponernos en contexto, solo un mes después, el 27 de octubre de 1935, se escaló en Montserrat la histórica primera al Cavall Bernat, que tuvo mucha más repercusión.

Asolan después los oscuros años de la Guerra Civil que paralizan la actividad en esta y el resto de las montañas españolas, hasta que se volvió a reactivar en la posguerra, en especial con el surgimiento de nuevos clubs de montaña.

Pioneros de los cuarenta: Panyella y compañeros

El mismo Lluís Estasen fue uno de los precursores y primer presidente de la nueva sección de escalada del CEC, denominado CADE (*Centre Academic d'Escalada*) en 1942, que surge de forma paralela a otros grupos como el GAM (1940, del *Centre Muntanyenc Barcelonès*) o el GEDE (en 1941 del

COL. FAMILIA CASANELLAS-BASSOLS

Club Excursionista de Gràcia), que reavivan la escalada después de la guerra. Pertenecen a ellos escaladores que como Ernest Mallafré, Josep Piqué, Vicenç Barbé, Jordi Ferrera, Raimon Estrems, Francesc Blasi, Jordi Panyella, Carme Romeu, Maria Antònia Simó y Núria Ferrera, del grupo barcelonés, y los manresanos Jaume Caselles y Lluís Serrat, que se cuentan entre los más asiduos del Pedraforca.

Otro de los cambios de la posguerra es que para llegar a la montaña se había abierto un nuevo camino, aprovechando las pistas que conducían a las minas de carbón de Saldes, que hacía la aproximación a la pared más corta y llevadera.

Entre todos los nombres mencionados destaca el de Jordi Panyella "Pany", uno de los más influyentes de esa generación de pioneros, instructor del GAM y después del CADE, con su inconfundible bigote y su firme determinación. En julio de 1941, junto a Lluís Morera y Joan Rodríguez realiza otro de los itinerarios que hoy conforma la lista de las grandes clásicas, la *Vía Pany* al Collet de la Cova, una de las más atractivas de la muralla norte. Unos años después, en 1944 con Jordi Casasayas "Haus" inaugura también la chimenea más marcada de la cara sur del Pollegó

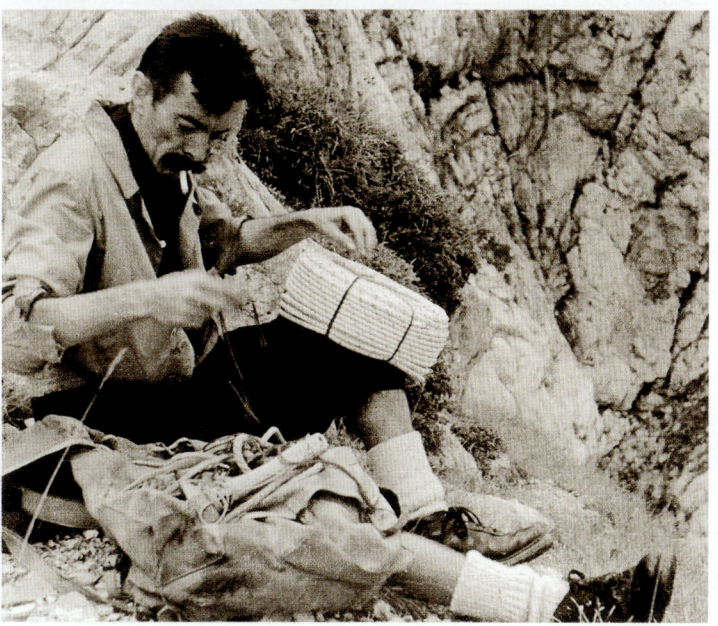

ARMAND BALLART

COL Mª ANTONIA SIMÓ

FOTOS: ARCHIVO CEC

Arriba, foto actual de Sara Herraiz en la vía *Homedes*, una de las grandes clásicas de la norte del Calderer (al fondo se puede ver el santuario de Gresolet). A la izquierda, Jordi Panyella y a su lado María Antònia Simó, destacados representantes de la generación de los cincuenta, que encontró todo por abrir.

FOTOS: ARCHIVO CEC

Arriba, Antoni Rosich y Jordi Panyella (primero y segundo por la derecha) en Saldes en 1941. Y evento celebrado en los años cincuenta en el refugio Lluís Estasen. A la derecha, los hermanos Josep, María y Francesc Estorach, autores de la vía que lleva su apellido en el Pollegó Inferior, en 1946; y retrato de Lluís Estasen. Abajo, el matrimonio de Mª Antònia Simó y Agustí Jolis frente al Pedraforca, en 1992, ambos fueron prolíficos autores de guías y libros, como el de abajo, editado en el año 78, en el que profundizan en la historia del Pedrafoca, especialmente en la época dorada de los años 40.

EL MASSÍS DEL PEDRAFORCA
Agustí Jolis
M. Antònia Simó de Jolis

Inferior, haciéndose con la última pared virgen que quedaba en el macizo con aquella *Pany/Haus*. A Panyella le debemos también la primera guía de ascensiones del macizo, publicada en 1951.

En una época en la que las mujeres eran una rara avis en la escalada y el alpinismo, sobresale la figura de María Antònia Simó, pionera del pirineísmo, que no se limitaba a seguir a sus compañeros, sino que participaba de las aperturas y las escaladas de primera como una más, con compañeros como el mismo Jordi Panyella, Jaume Reñe, Agustí Faus o Jaume Vendrell. Tuvo también un importante papel como divulgadora con sus escritos y guías, muchos realizados para el CEC, grupo al que pertenecía, elaborados junto a su marido Agustí Jólis.

En agosto de 1951, abre una nueva vía al Cabirols que lleva su nombre: la *María Antònia/Estrems*, realizada junto a Raimon Estrems,

que ella misma relata así: «Superamos como final unos desplomes y nos encontramos en la cresta, a unos veinticinco metros del "pedró" del Cabirols; allí calculamos por la posición de las estrellas que serán aproximadamente las nueve de la noche; sin luz de ninguna clase ponemos la fecha y firmamos en un pedazo de papel a falta de libro de registro en aquel pico y, después de depositarlo debajo de

unas piedras, empezamos a discutir cómo efectuaremos el descenso, pues la cuerda la tenemos rota por tres sitios. Entretanto trato de persuadir a Raimundo de que aguardemos al amanecer del nuevo día, pues creo que descender con nuestra cuerda es una verdadera temeridad; él no es partidario de mi opinión y dice que de ninguna forma quiere pasar frío, el cual ya empieza a notarse». (nº 53 del

COL. Mª ANTONIA SIMÓ

boletín del Club Montañés Barcelonés). Finalmente lograron descender con la asistencia de Pany y Ferrera, que estaban en otra vía de escalada próxima.

Justo antes de acabar la década, en 1949, los hermanos Josep y Francesc Estorach ascienden junto a Emili Navarro por la *Canal del Riambau*, posteriormente devenida en la gran clásica para hacer en invierno, estrenada en esta estación por Emili Civís y Genís Roca, en 1968, miembros ya de la siguiente generación.

Inauguración del refugio y fallecimiento de Lluís Estasen

En junio de 1947, Estanislau Pellicer, delegado en Cataluña de la Federación Española de Montaña, le propone al presidente de la misma, Julián Delgado Ubeda, la construcción de un refugio en la Jaça dels Prats, donde habitualmente los escaladores establecían su campamento.

Aprobada la iniciativa, se convocó un día para la simbólica instalación de la primera piedra del refugio, un evento al que Lluís Estasen se disponía a acudir, pero quiso la mala suerte que ese mismo día una repentina embolia se lo impidió, falleciendo en Saldes a los 57 años. El refugio fue bautizado en su honor e inaugurado finalmente en junio de 1949, constituyendo desde entonces un lugar de encuentro

COL· ARMAND BALLART

para escaladores, excursionistas y otros visitantes del macizo.

Años cincuenta: Anglada entra en escena

Podríamos considerar la siguiente etapa como la de apogeo aperturista de la escalada en las paredes españolas, a las que se acude ya con una mentalidad deportiva en una competición amistosa (o a veces no tanto) por llevarse las líneas más lógicas. Vías como la *Puigmal* del Cavall Bernat en Montserrat o la *Norte* del Puro en Riglos aparecen

Arriba, varias cordadas escalando la *Vía Pany* al Calderer, abierta en 1941 por Jordi Panyella, Lluís Morera y Joan Rodríguez. Izquierda, durante la construcción del refugio Lluís Estasen, que se inauguró en 1949.

COL. J. M. ANGLADA

COL. JOAN CERDÁ

La cordada Anglada/Guillamón (arriba, en Riglos en 1958), así como la Cerdá/Pokorski (a su derecha, en Montserrat en 1995), tanto juntas como combinadas, son sin duda las más prolíficas en las paredes tanto nacionales como internacionales en los años cincuenta y sesenta. A la derecha, el estadounidense Royal Robbins en su visita al Pedraforca en 1966, cuando abrió una nueva línea por las cornisas del Calderer junto a Josep M. Anglada (y su retrato en blanco y negro en la otra página, abajo).

COL. J. M. ANGLADA

en estos años. En el caso del Pedraforca, su cara norte, abundante en chimeneas, diedros y fisuras, presenta un terreno de juego perfecto para la conquista de esas primeras. Sin embargo, comparado con otras zonas, su acceso no es fácil, han de llegar en tren hasta Guardiola y después que algún camión de la mina de carbón de Saldes les lleve hasta el pueblo, desde donde sale un camino que en una hora de marcha llega al refugio Estasen, al pie de la norte. Demasiado para los fines de semana que por entonces eran de apenas un día y medio.

Al auge de la escalada también contribuye la evolución del material, con la llegada del revolucionario buril, así como de las primeras cuerdas de fibra, los mosquetones y clavos específicamente diseñados para escalar o la bota flexible, que sustituye a las alpargatas.

En esta generación hay un escalador que ejerce una influencia predominante para impulsar la escalada nacional hacia el nivel superior del extranjero. Se trata de Josep Manuel Anglada, quien vivió en Alemania durante tres años, participando en las actividades del Club Alpino Alemán, trayendo un aprendizaje que trasladó al GAM a su vuelta a Barcelona. Con compañeros como su inseparable primo Paquito Guillamón, su amigo polaco-alemán afincado en Barcelona Heinz Pokorski o Joan Cerdá, entre otros, realizaban salidas de fin de semana a Montserrat o a Pedraforca (en 1956 se compró una moto Ossa 125 que facilitó mucho los desplazamientos), así como a otras paredes de la geografía cuando podían juntar más días libres. Afrontaban las paredes con espíritu de conquista pero también como entrenamiento para sus objetivos en Alpes o en otras grandes montañas.

En Pedraforca hay aproximadamente una docena de itinerarios que llevan la firma de Anglada; algunas se encuentran todavía entre las más repetidas hoy, como el

Gran Diedre (1957) o la *Directa Anglada/Guillamon* (1958) al Calderer, que les costó varios intentos. En la primera jornada solo pudieron escalar unos 30 metros, pues encontraron una fisura que no era apta para los clavos que llevaban, así que unas semanas más tarde volvieron con unas diez estacas, con las que consiguieron progresar por la fisura en artificial y llegar ese mismo día a la cumbre, dejando detrás un magnífico trazado de 500 metros. Con Pokorski exploró la zona derecha de la pared norte, llegando a abrir dos vías en el mismo día, a la Torre Capeta y la Agulla Suèvia (58). También abrió una *Anglada/Genís* al Cabirols inferior y varias con Joan Cerdá, otro de los habituales, pero su compañero de apertura más sorprendente fue el americano Royal Robbins, a quien había conocido en su estancia en Yosemite (donde fueron tras la primera expedición española a los Andes de Perú en 1963) y con quien escaló en su viaje de visita y conferencias por España en 1966.

Así nos contaba Josep su apertura de la *Anglada/Robbins*: «Abrimos la Oreja del Pedraforca; había unos amigos que llevaban dos años intentándolo. Se comenzaba por otra vía y luego había una fisura offwidth. Ellos habían hecho como máximo de 25 a 30 metros. En realidad nosotros íbamos a repetir otra vía, pero cuando llegamos al pie de la fisura, Robbins me dijo: "¿Y por ahí?". "Está sin abrir".

R.ROBBINS

COL. JOAN CERDÁ

COL. J.M. ANGLADA

"¿Por qué no lo hacemos?". "Bueno". Pensé que después de dos años que llevaban intentándolo... pero luego me llegó la bronca. Lo hizo como buen americano, primero un largo difícil casi en libre sin apenas tocar los hierros».

Otra de las compañeras habituales de Anglada era su mujer, Elisabeth Vergés, con quien compartió cuerda más de 50 años (hasta el fallecimiento de Eli en 2019), sumando primeras y repeticiones tanto en esta como en otras montañas del mundo.

Arriba, Joan Cerdá durante la apertura de la *Anglada/Cerdá* a la norte del Pollegó Superior, en 1972; y a la izquierda él mismo en la primera invernal a la *Anglada/Guillamon* del Pedraforca, en 1959 (un año después de su apertura).

FOTOS: COL.J.M.ANGLADA

MANE. GUASCH

Arriba, Elisabeth Vergés y Josep Manuel Anglada tras una escalada en Dolomitas en 1965; a su lado la portada de la primera guía de escalada del Pedraforca, publicada en 1969 por el matrimonio Jolís-Simó (colección CEC). Debajo, Anglada durante la apertura de la *Vía del Tronc* por la norte del Pollegó Superior, que hizo en junio de 1971 con Joan Cerdà, Miquel Muñoz, Felicià Plana y Salvador Ubach. A la derecha, Paco Vargas abriendo la *Vargas/Peña* (1979).

Joan Cerdá, miembro de aquella generación sobresaliente, recuerda que el Pedraforca les marcó, sobre todo al principio, cuando «ir allí a escalar era casi una expedición desde Barcelona, necesitabas un día para llegar, otro para escalar y otro para volver. Ahora es una salida en el día». A sus 85 años, ha seguido escalando hasta hace apenas unos años, y aún conserva recuerdos muy vivos: «Lo que nos gustaba del Pedraforca es que era escalar una montaña y además de roca caliza». De entre las siete vías que ha abierto aquí, menciona la *Cerdá/Pokorski* que abrieron en 1959, y que se puede empalmar con otra que abrió en 1966 con Daniel Vergés, la *Cerdá/Vergés*, dejando de esta forma un itinerario completo de la base hasta la cubre. También son suyas otras como la *Cerdá/Felicià* (66) al Pollegó Inferior, así como la *An-glada/Cerdá* a la Grallera, esta ya del año 72. «El principal aprendizaje que nos aportó el Pedraforca fue el saber moverte en una gran pared, que luego pudimos aplicar en lugares como Dolomitas». Y añade: «Antes un peligro que tenía era la inestabilidad de la roca, que ahora con el sucesivo paso de las cordadas ya es diferente, más seguro. Y en todos los aspectos, porque además de menos riesgo de caída de rocas, hay más seguros, sobre todo con la tendencia actual del sobreequipamiento».

Los sesenta: vías cada vez más acrobáticas

La evolución es imparable. Ahora ya no se trata solo de subir a las cumbres por los lugares más lógicos, sino de hacerlo por los sitios más difíciles, buscando a propósito los mayores retos. La bota rígida sustituye a las botas de lona, pero ya con suela de goma. En los sesenta la actividad principal se centra en el Cabirols, con itinerarios en ocasiones poco definidos, entre los que destaca la *Civis/Genís* (1968) del Dent del Cabirols; pero también se siguen dibujando líneas principalmente a base de artificial, con vías como la *Sánchez/Gil* o la *Sanchez/Galí*, ambas de 1967 en el Cabirols, o la *Sánchez/García* (68) en el Pollegó inferior. El apellido común de estas tres últimas vías corresponde a Josep Sánchez, del grupo SAME, posiblemente el escalador más activo de estos años.

En 1969 se publica la primera guía de escalada de la zona, realizada por Mª Antònia Simó y Agustí Jolís, y editada por el Centro Excursionista de Catalunya, que viene a ordenar los itinerarios y aclarar los huecos que aún quedaban inescalados en las paredes.

El "precipicio" de los setenta

Los convulsos y transformadores años setenta, con su transición, movimientos sociales y culturales que estaba viviendo la sociedad española, también se reflejan en la montaña. Se busca una escalada cada vez menos evidente, con vías aéreas como la *Carmeta* (por Camprubí y Vinyoli en el Calderer, 1975) o la acrobática *Lalueza/Horrillo* (76), así como la *Vargas/Peña* (79), por el vertical frontón del Calderer.

El cambio del Pedraforca está personificado en el nuevo guarda del refugio, Joan Martí, que llega en 1976 a hacerse cargo del Lluís Estasen, sustituyendo a Jordi Sans. Ese mismo verano abrió en solitario la *Vía del guarda* al Cabirols, una pequeña joya aún hoy bastante recorrida. Pero la vía que va a suponer un hito es la que realiza en 1979 en el paño central de la cara sur donde, junto a Joan Carles Griso, Armand Ballart y Miguel Arcarons dejan sentencia con la *Vía de l'Estimball* ("precipicio" en catalán).

«Por entonces solo existía en la cara sur la chimenea de la *Pany-Haus* y la *Anglada/Guillamón*, que seguían las fisuras más lógicas. La cara sur a simple vista era muy lisa, exigiría mucha burilada, así que nadie se metía allí», nos cuenta Armand Ballart, que por entonces apenas tenía 20 años pero ya arrastraba un importante historial de aperturas en especial en Montserrat. «Llegaron entonces unos franceses y abrieron la *Vía dels Provençals* (1978). Venían con pies de gato, eran los primeros que veíamos, así que sobre todo Joan Martí se quedó con la idea y al poco consiguió hacerse con unos. Al principio éramos un poco reacios a usarlos, pero como vimos que aquello funcionaba, pues los empezamos a utilizar». Armand no dudó en aceptar la invitación de Joan Martí y de Joan Carles Griso (ayudante en el refugio en esos años) a lanzarse a abrir una vía por la cara sur. La apertura del primer largo corrió a

cargo de Miguel Arcarons, que luego tuvo que marcharse. Así que allí se quedaron los tres, montando un campamento en el Prat de Reo, «y con suministro diario de vino, pan y vianda por parte del oficial de enlace llamado Oriol», recuerda Armand. Tardaron unos cinco días

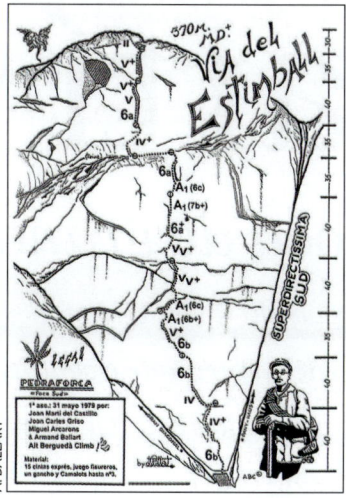

en completar el recorrido, siguiendo sistemas de fisuras y atravesando las placas con buriles donde no entraba otra cosa.

La vía marcó un nuevo estándar de dificultad y se convirtió desde su creación en un objetivo codiciado, que aún hoy conserva su carácter. Cuenta Armand que al poco de abrirla, Joan la repitió con un francés, Christian Ferrara, quien la hizco casi toda en libre; igual que los siguientes repetidores, Jesús Gálvez y Nil Bohigas, que dejaron todavía algún paso pendiente de resolver.

La visión de la escalada de aventura de Joan Martí y su influencia en los jóvenes de la «*new wave*» será determinante en las siguientes décadas en las que sigue regentando el refugio. Él mismo nos cuenta a continuación lo que su memoria ha escogido conservar de aquellos años. // Redacción Desnivel.

Arriba, Armand Ballart durante la apertura de la *Vía de l'Estimball* (y su croquis a la izquierda), que realizó con Joan Martí, J. C. Griso y M. Arcarons en 1979, «armados con todo aquello que sirviera para subirse por unas placas más lisas que las suelas de nuestros rudimentarios pies de gato recién estrenados», como él mismo describe.

En *La escola dels infants*, «un contrafuerte cerca del refugio, de unos 40 metros, que usábamos para practicar en techo a principios de los 80», cuenta Joan. A la derecha, preparando la comida en el refugio (durante una reunión del GAME en 2004); y debajo, con su amigo Jesús Banzo en la cima del Cavall Bernat en 1964, cuando tenía 18 años.

32 AÑOS AL PIE DEL PEDRA

Joan Martí

«Hemos vivido una época de grandes libertades»

Desde 1976 hasta 2009 Joan no solo fue el guarda del Lluís Estasen, era también la máxima autoridad de la escalada allí, custodio del espíritu de aventura de la pared norte. Su actividad en todo caso llegó mucho más allá de la roca del Pedraforca, con una influencia clave en los jóvenes de la new wave que revolucionaron la forma de hacer montaña.

JOAN se ríe al recordar a aquel joven que, con solo 19 años, se lanzó a hacer la primera ascensión en solitario por la Pared de l'Aeri en Montserrat: «Un monje me vigilaba desde el teleférico a ver si iba todo bien y no entendía nada, claro porque yo subía y bajaba, y me pasé un par de noches ahí durmiendo». Son muchos los recuerdos que ha acumulado en sus 77 años de vivencias y es que, aunque durante más de tres décadas tuvo el mismo campo base, al pie de su querido Pedraforca, no por ello dejó de viajar y sumar experiencias. Además de muchas primeras repeticiones y grandes clásicas tanto en Montserrat como en otras paredes de la Península en los años 70 y 80, hizo importantes campañas en Alpes (norte de las Droites, *Walker*, *Bonatti* del Dru, Cima Grande de Dolomitas...) y participó en expediciones a ochomiles como el Annapurana (1970) o el Kanchenjunga Central (1978). Su presencia también fue definitiva en la apertura del espolón SO del Saraghrar en 1982, donde Nil Bohigas, Enric Lucas y Juan López hicieron cumbre. Nos responde al teléfono desde su casa en el tranquilo Berguedà y, aunque al principio se muestra un poco reacio a hablar –«hace ya tanto tiempo...»–, después los recuerdos van brotando a rienda suelta.

¿Cómo fue tu primer contacto con la escalada?

Empecé con un libro de Mallafré y con amigos del barrio de Barcelona. Recuerdo que de niño era intrépido, hacía maldades, y un abuelo dijo "este niño lo que necesita es una cuerda para subir y bajar y que se canse". Luego entré en el GEDE del Club Excursionista de Gràcia y ya empecé a escalar más.

DARÍO RODRÍGUEZ

FOTOS: COL. JOAN MARTÍ

Antes de entrar en el refugio ya habías hecho grandes expediciones, como al Annapurna en 1970, aunque no hicisteis cumbre, ¿cómo fue?

Aquello fue toda una historia, un buen viaje. Por entonces el maestro y el gran referente era Angalada y él estaba preparando una expedición al Annapurna para el 74, así que nosotros, como los críos que éramos, dijimos "vamos a ir al Annapurna antes que Anglada". Así que allí fuimos con el jersey que nos había hecho la mamá, en una furgoneta desde Barcelona a Nepal sin saber casi ni dónde estaba. La furgoneta era 30 años vieja cuando la compramos, la apañamos como pudimos;

en Andorra ya tuvimos que recomponer el motor, tuvimos unas cuantas averías y vicisitudes varias que serían largas de contar, incluso casi nos atropella un tren, se quedó a milímetros... Con todo, llegamos a Katmandú, pero no teníamos ni permiso de expedición ni nada, íbamos como si fuéramos de viaje al Montsec. Luego pedimos un permiso de trekking para los Annapurnas, escondimos las botas y todo el material de escalada; llegamos a Pokhara, alquilamos 14 porteadores y nos fuimos al campo base del Annapurna. Íbamos con unas tiendas de campaña que se las llevó el viento el primer día; suerte que los porteadores nos dijeron que unos ingleses habían abandonado por allí material en una grieta, y fuimos a recuperarlo. Me acuerdo que todo el campo base estaba verde de cosas de la *British Army Expedition*. Después de eso los porteadores se pusieron enfermos... Además habíamos llegado en otoño, que había unas grietas enormes porque la temporada para ir a escalar allí es la primavera, así que no teníamos ninguna posibilidad. Aún así hicimos una montaña virgen de 7000 metros, el Nilgiri Este, sin permiso de ninguna clase. Nunca se ha hablado mucho de esto porque era una expedición pirata, pero tampoco es que lo buscáramos, fue más por desconocimiento y por falta de dinero. Dentro de todo salió bien, no nos pillaron...

Y luego mis amigos se volvieron a Barcelona otra vez con la furgoneta pero yo decidí quedarme. Tenía 24 años y ninguna prisa para volver, tenía cámaras para hacer fotos... Así que estuve por allí dos años dando vueltas por la India.

Espera... ¡¡dos años?!

Sí, por allí me quedé, simplemente viviendo. Al final no hice muchas fotos porque iba casi desnudo, con un trapo, y claro no ibas a ir con la Hasselblad ahí colgando. Y después me volví andando hasta Barcelona, con 25 dólares en el bolsillo. Me acuerdo que en el último autoestop me dejaron en la Junquera, le pedí a gente por allí si me pagaban el autobús a Barcelona pero no hubo suerte, tuve que volver andando. Llegué a Barcelona el día de Navidad. Cuando llamé a la puerta de mi casa, mi madre abrió y cerró enseguida, se pensaba que era algún mendigo que venía a pedir. Luego me fui una temporada al puerto de La Bonaigua, que era invierno y se estaba muy

FOTOS: COL. JOAN MARTÍ

bien. Creo que hemos vivido una generación de grandes libertades, podías ir y venir más fácilmente. Ahora está todo prohibido, estás vigilado, no te dejan hacer nada...

Y después de ese viajazo ya te asentaste en el Pedraforca, ¿no?

Uy no, todavía pasaron más cosas... Barcelona enseguida se me hizo estrecho así que me fui a África con una moto Honda de 49 cc y llegué hasta Dakar. Después

a la vuelta, en Marruecos, cambié la moto por una bolsa de unas piedras de colores con las que hacíamos anillos y collares, y con eso fui a Canarias, hice un dinero vendiéndolo a los turistas. Después me volví y me fui al Pirineo, donde estuve unos tres años haciendo de pastor por las montañas, al cuidado de unas vacas. Luego tuve un hijo con una francesa, así que me fui a Francia, pero allí mucha niebla y poco sol. Y ya sí cuando volví de Francia pues tenía un amigo que era guarda del refugio Estasen de Pedraforca, y él ya estaba cansado de eso, además en aquella época no era un negocio, digamos que era poco más que una cabaña, pero a mí me interesó, me recordaba a la India, así que ahí ya me quedé. Era la Semana Santa del 76. Y fueron pasando los años.

Entiendo que durante todos esos años anteriores la escalada la dejaste apartada...

Es que para mí la escalada siempre ha sido por épocas. Había momentos que encontraba otras cosas que me parecían más interesantes y me dedicaba a ellas. Luego en el refugio ya estuve 32 años y vivía prác-

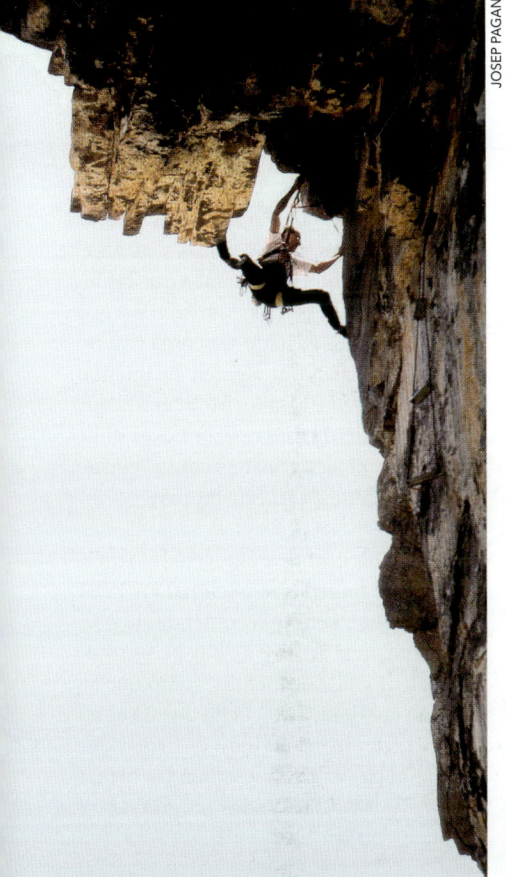

JOSEP PAGANS

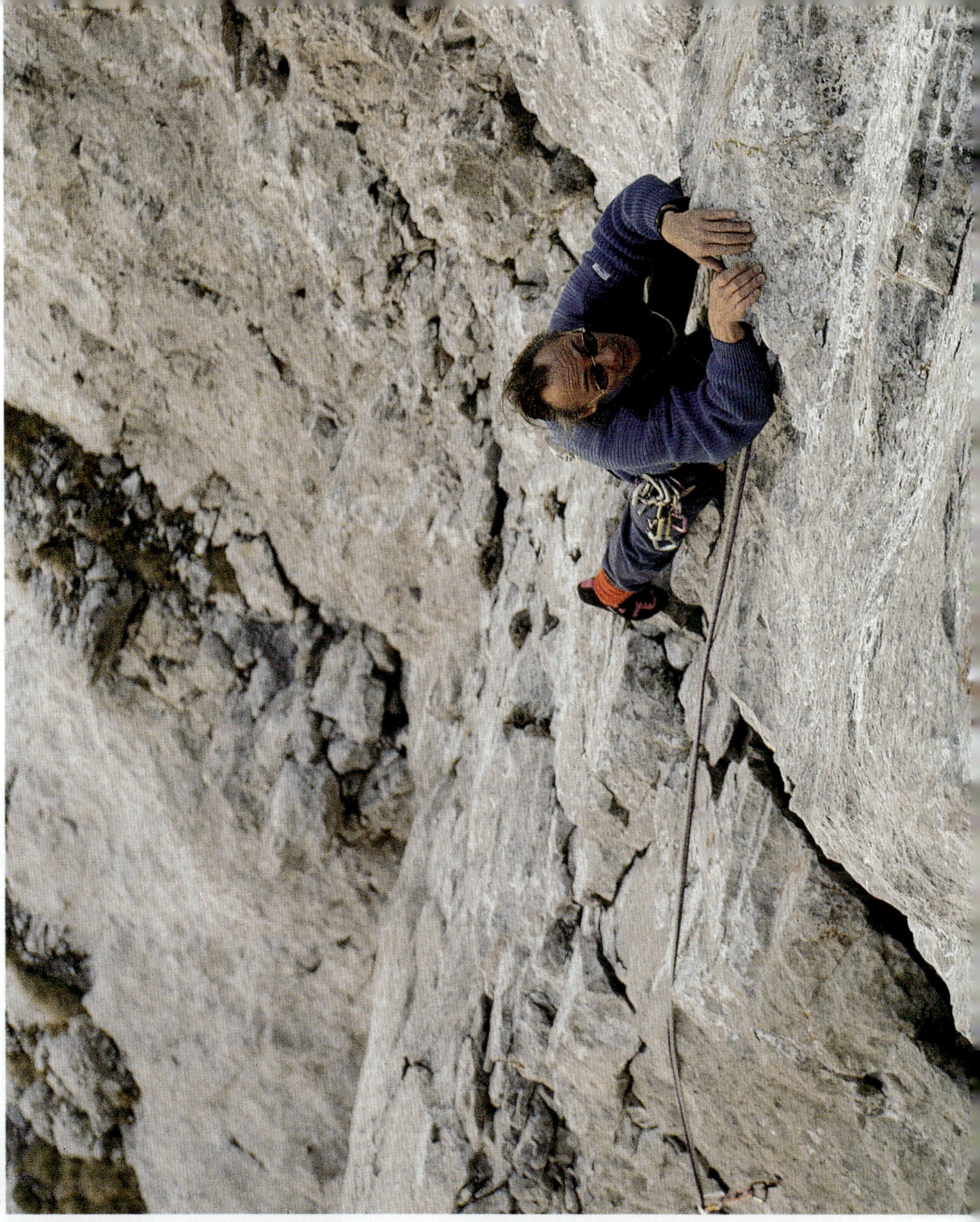

JOAN CABAU

Arriba, en una de las muchas repeticiones que hizo en los 90 a su *Vía del guarda* (que abrió en solitario en 1976); izquierda, escalando la *Rabadá/Navarro* de Ordesa a finales de los 80. En la otra página, en Katmandú en 1970, con la furgoneta en la que llegaron desde Barcelona. Fotos de abajo, en los inicios de su etapa de refugiero, porteando víveres.

ticamente todo el año allí, no tenía una casa propia, aunque mis padres seguían viviendo en su casa en Barcelona, pero yo iba poco. En invierno era más difícil estar en el refugio, se congelaba el agua, no te podías duchar... había que recurrir a amistades que vivían en Berga y así. El principio era magnífico desde el punto de vista salvaje y mágico de la montaña, tuve un momento muy bueno. Pero luego cada vez venía más gente y para mí fue perdiendo el encanto.

En esa etapa ya volviste a escalar...

Claro, en el refugio el ambiente era de escalada, y a mí era algo que ya me gustaba, así que retomé. Sobre todo en invierno es una montaña muy interesante, con la pared norte llena de nieve... Ya lo decía Nil Bohigas, que en el Pedraforca sufres tanto y destrozas tanto el material como en cualquier montaña del Himalaya, pero aquí no te haces famoso. Es como un Eiger en pequeño, con unas condiciones brutales en invierno, puede llegar a ser severo, aunque ahora todo es diferente, pero en la época ten en cuenta que los piolets ni siquiera tenían curva, eran rectos...

Cuando llegaste, la generación de Anglada y compañía ya había abierto todas las líneas más lógicas de la pared, ¿cómo fue la búsqueda de nuevos retos?

Yo antes de ser guarda ya había repetido prácticamente todas las clásicas. Luego seguimos escalándolas, pero ya el reto era hacer cuatro en el día. Allí fue cuando empezamos a ver que a la montaña para ir bien hay que ir rápido. Es algo que ahora se ha demostrado. Pero ir rápido y fumar no va bien, y eso todavía tardamos otros cuantos años en acabar de comprenderlo. Me acuerdo que cuando hice la *Walker* en las Jorasses llegué con congelaciones a Chamonix; lo primero que nos dijeron los franceses en el hospital fue "*C'est bon le cigarette?*". Ahora con el entrenamiento que hay, la alimentación... los chavales hacen unas cosas increíbles que yo me quito el sombrero, y es que es la manera de hacerlo. Y no solo escalan, además van haciendo fotos, vídeos, y van tan contentos. Tú mira las fotos de Anglada, de Pons, o de nosotros después... la cara de sufrimiento que tenemos, ¡y estos chavales de ahora van riendo! Es una maravilla. Vale que nosotros hemos abierto el camino, pero lo que hacen ahora es otro nivel.

Todas las generaciones nos hemos reído de lo anterior. Claro que admirábamos lo que hacían, y yo ahora con la edad ya lo pongo en valor, pero nos creíamos mejores porque éramos capaces de hacer sus vías más rápido. Ya era un récord ir a hacer las vías de Anglada y sacar los pitones Charlet Moser, y no solo por lo que valían, es que si eran de Anglada ¡valían el triple!

Al poco de llegar al refugio abriste la *Vía del guarda*, que hoy ya es una clásica...

Para, para... Las clásicas ya estaban abiertas. Esa no es más que un tocho, ya

«La época dorada del Pedraforca fue a principios de los ochenta, cuando aparecieron los intré-pidos críos de la New Wave. Buscaban ir rápido para aplicarlo luego en las grandes montañas».

ARMAND BALLART

era buscarle los tres pies al gato. Cada vez nos hemos conformado con menos. Al principio si la pared no tenía 400 metros, no era interesante. Las vías grandes ya estaban hechas en la norte del Pedraforca, así que yo desde el refugio miraba eso que se veía estético y fui a abrirlo, pero no son más que tres largos.

Y después vino la *Vía de l'Estimball* de la cara sur, en el año 79, ¿cómo se os ocurrió?

Antes de eso todavía escalábamos con botas, pero vinieron al refugio unos fran-ceses de Grenoble con los primeros gatos que vimos, unos Supergraton EB. Así que no tardamos en hacernos también con unos. Ahí teníamos la cara sur del Pedra-forca que era una preciosidad, que por entonces tenía la chimenea *Pany/Haus* y una *Anglada/Guillamon*, que era una fisura de la que por cierto yo hice la primera repeti-ción, y no había más vías. La veíamos como una placa lisa de calcáreo por la que no se podía pasar. Pero gracias a esos fran-ceses que nos enseñaron los pies de gato, y que dejaron también una vía en la cara sur, la *Vía dels Provençals*, ya nos plantea-mos ir a por esa pared. Y para allí que fui-mos con Armand Ballart y Jean Carles Gri-so, con los clavos, pues todavía no existí-an los friends, y burilando a mano; siem-pre desde abajo claro, lo de abrir desde arriba todavía no se nos había ocurrido.

Y después, ¿has abierto aquí más vías?

En general he abierto pocas vías en el Pedraforca porque consideraba que las ló-gicas ya estaban abiertas. También porque siempre me han gustado las cosas con re-nombre, objetivos que alguien ha intenta-do y no se ha conseguido. Me acuerdo que en un artículo de una revista *Desnivel* de hace años, me describisteis como "eterno cazador de mitos" por este motivo.

Como la *Integral de Peuterey* de Alpes, que hiciste la primera nacional en 1981

Esa es una vía muy recomendable por-que es toda una arista y no hay peligros de aludes o de caída de piedras. Claro que en la época era dura. Me acuedo que en el re-fugio Craveri había un libro de firmas que valía la pena verlo; ahí estaban las firmas de Bonatti, Maestri... todos los grandes. Y nosotros detrás.

¿Qué te unía al Pedraforca tantos años?

En primer lugar era mi modus vivendi. Claro que nunca ha sido un refugio de grandes ingresos, sobre todo al principio era todo muy austero, no se hacían ni co-midas... También he trabajado un poco de guía, pero siempre clandestino. En Pedra-forca lo que he hecho han sido muchos rescates, quizá más que un profesional en toda su carrera.

¿Cómo era ese tema de los rescates? So-bre todo al principio, que no había servi-cio de rescate, ni helicóptero...

He vivido situaciones muy duras. Re-cuerdo por ejemplo que una vez estaba en el refugio mirando con los prismáticos a dos amigos míos que estaban haciendo la *Homedes*. Entonces me doy cuenta de que se están embarcando, que no van por donde deberían, y de pronto veo que uno de ellos se había caído como 40 metros y el otro se había quedado en la reunión, que era un alambre que aguantó de mila-gro. Ahí aprendí que a los rescates hay que ir preparado, porque aquel día dejé los prismáticos en la ventana y salí co-rriendo, hice una subida de 2 horas como en 40 minutos, pero cuando llegué vi morir al que se había caído, desangrándose, y no podía hacer nada, porque no había llevado nada.

Pero aparte de los escaladores, que se han matado muy pocos, hay muchos excursionistas. Como decíamos nosotros, bajaba alguno «de los ojos grandes», con esa mirada desquiciada, pidiendo ayuda porque alguien se había accidentado, y me encontraba a mí. La primera vez que bajamos a un muerto con la camilla plegable, lo metí en mi furgoneta y lo bajé a la Guardia Civil de Saldes. Ahí me regañaban porque decían que no se podía tocar un cadáver. Pero entremedias bajaba otro chaval avisando que se había caído otro en el mismo sitio, así que los mismos guardias civiles me pidieron que si podía ir yo a buscarlo. En Pedraforca han pasado muchas cosas... Después llegó el helicóptero y aprendimos a hacer las cosas mejor, y sobre todo cuando vino la grúa.

Creo que en el helicóptero tuviste un percance que casi no lo cuentas...

Sí, en mi vida he estado unas seis o siete veces a punto de morir, esa fue una de ellas. Aquel día era el primer día que su-

bía el helicóptero a hacer un rescate y fue uno de esos complicados, que dura días. Entonces el helicóptero tocó con un aspa en la roca y a tomar por saco, se destrozó, pero todos pudimos saltar antes. Yo iba dentro del helicóptero para coger al rescatado, que lo llevaban a hombros, y no le cortamos el cuello de milagro. No se mató nadie, ni siquiera hubo heridos, y eso que salió "metralla" del helicóptero en todas direcciones. Hasta mucho tiempo después encontramos contrapesos del helicóptero como a 200 metros montaña arriba, acojonante que no pasara nada...

¿Cuál fue para ti la época dorada de la escalada del Pedraforca?

Principios de los ochenta, cuando aparecieron todos los intrépidos críos de la *New Wave*. Venían con otra concepción, como decía antes, lo que se buscaba era ir rápido y aplicarlo luego en las grandes montañas. Para mí eran mis "niños" y todavía lo son, aunque ahora nos faltan dos, Nil Bohigas y Ricard Herrero. Cuando fui con ellos al Saraghar, en 1982, ellos tenían 20 años y yo ya tenía 35; recuerdo que Nestor Bohigas cumplió allí los 18 años, su madre lo dejó ir solo por-

Arriba, en el accidente que por poco le cuesta la vida, la primera vez que acudía un helicóptero a un rescate (noviembre 1984), en el que afortunadamente no hubo víctimas. A la izquierda, escalando en la *Ritual Extrem*, norte del Pollegó Superior, a principios de la década del 2000. Joan es también un gran amante de los animales.

«Cuando reequipé la Vía del Guarda me criticaron, pero ahora duermo más tranquilo. En cualquier caso en Pedraforca aún quedan vías para los que quieran jugarse el pellejo».

Arriba, en los noventa, cuando en los inviernos había que palear para despejar de nieve el acceso al refugio. «Ese gato lo rescaté de la nieve, que lo habían dejado abandonado, y ya se quedó a vivir en el refugio muchos años. Ximeneu lo llamamos». A la derecha, durante la apertura de *Carnestoltes* a la pared del Roget, que hizo en abril de 1989 con Josep Batlle, Toni García, Melchor Rodríguez y Xavier Barrachina (fue la segunda ruta de vía pared).

que iba yo. Pasamos unos días fantásticos en Pakistán, fuimos de una forma muy ligera. Aquello de la escalada en estilo cápsula, de seguir para arriba y no bajar al campo base, empezamos a ponerlo en práctica allí. Aunque ellos ya llegaron entrenados, por ejemplo Enric Lucas ya había escalado en los Andes y había hecho actividades muy rápidas.

Además de esa, ¿hay alguna otra escalada que recuerdes en especial?

Hay muchas... Por ejemplo con amigos de Terrasa me fui al Kanchenjunga en 1978, dejé a la familia en el refugio y me fui allí 6 meses. Éramos 13 personas, tengo un recuerdo fantástico. Varios hicieron cumbre en el Kanchenjunga central; yo llegué a unos siete mil y pico. Me acuerdo que decíamos que habíamos hecho la cumbre por los "agujeros de los polacos", porque delante nuestro iban unos polacos que tenían unos pies enormes y dejaban unas huellas gigantes (*risas*).

También me acuerdo por ejemplo de la *Vía dels Catalans* en el mallo Pisón de Riglos, que se había abierto en el 77 pero todavía en el 81 estaba sin repetir, así que allí

fui con mi amigo Alberto Montero. El día que estábamos en la pared fue cuando Tejero dio el golpe de estado; nosotros ahí colgados en el vivac y este amigo mío –que era bastante activista– decía que no bajaba, porque la Guardia Civil le iba a estar esperando en el refugio... Pasamos tres noches en la pared y el último día vivaqueamos en la cumbre del Pisón; por la mañana aparecieron de la nada dos aviones caza y justo encima de nuestras cabezas hicieron una maniobra y se lanzaron hacia abajo, hacia el río Gallego; una imagen increíble, nos quedamos sin habla. Tengo muy buenos recuerdos de la repetición de esa vía.

O por ejemplo la primera vez que escalé con Urko Carmona cuando él solo era un crío, tenía como 14 años. Yo era amigo de la familia y su padre me pidió que lo sacara a escalar, que era lo que el niño pedía todo el tiempo. Así que fuimos a la vía *Gómez* del Peñón de Ifach, que yo ya la había hecho muchas veces. Subimos rapidísimo, Urko era como un lagarto, estaba fascinado. Unos días después me llamó su padre para decirme que había tenido el accidente con la moto y se había quedado sin una pierna. Fue de los peores momentos de mi vida. Luego lo he seguido viendo y siguiendo su trayectoria, es una persona increíble, admiro todo lo que hace y su planteamiento vital.

Volviendo al refugio, ¿qué te llevas de esa etapa?

Dicen que hombre de muchos oficios bueno para nada... En un refugio al final haces de todo, desde cuidar al cliente, decirle que no a veces (que es lo más difícil), cocinar, limpiar, vaciar la fosa séptica, cortar leña... En esa época maravillosa de los inicios la leña era básica, y claro había que ir a buscarla, traerla, cortarla... Era el entretenimiento de muchos amigos que venían a pasar el fin de semana. Pero los tiempos fueron cambiando. Hoy en día la leña se compra hecha, se sube, se han inventado las estufas de pellets... es diferente. Los primeros años fueron encantadores.

También en esos años participaste en la creación del recorrido de *Cavalls del Vent*, ¿qué lo motivó?

En el refugio del Pedraforca siempre hemos tenido trabajo más o menos, pero en otros que están más lejos lo tenían difícil, apenas iban cinco personas en todo el año. Así que con este recorrido, que pasa por ocho refugios del Pirineo, buscábamos promocionarlos. Claro que aquello fue aumentando y ahora va una cantidad de gente que se ha desbordado. Según me cuentan, ahora al Pedraforca hay domingos que han llegado a subir mil personas. Escaladores pocos, pero excursionistas y sobre todo corredores van a cientos, es demasiado. Claro que esto pasa también en otros lugares.

¿Por qué crees que el Pedraforca no se ha masificado de escaladores?

No se ha masificado porque ahora la masa no quiere andar, cuesta llegar una hora y media para ir a pie de vía, hoy en día hay cosas más cerca. También que la roca hay que mirarla, y en la norte no hay muchos parabolts, aunque sí que hay reuniones equipadas y más seguros que antes.

Yo mismo hace unos cuatro años fui a reequipar la *Vía del Guarda*, porque yo la abrí con clavos de la época, que eran suficiente para colgarse con los estribos, pero ahora la gente la escala en libre y esos clavos no estaban para aguantar un vuelo de los de ahora. Me encanta que apuren en

XXAVIER BARRACHINA

libre, pero yo por la noche pensaba que cualquier día me iban a decir que uno se había roto la pierna en un paso que hay una repisa, así que fui y puse unos parabolts ahí. Me han criticado pero ahora duermo más tranquilo. En cualquier caso en Pedraforca aún quedan vías para los que quieran jugarse el pellejo.

¿Qué te hizo dejar el refugio en 2009?

Me empezaba a hacer mayor, ya iba mucha gente, aunque sobre todo mucho turista, poco escalador, pero había mucho trabajo, hacer comidas para veinte personas... Ya no me atraía así que me fui primero a oxigenarme a una masía perdida en el Pallars, con un gran silencio, donde pasé cuatro años. Y después me vine al Berguedà, que es donde sigo ahora y donde tengo no sé si mis raíces porque creo que no las tengo, pero sí a mi familia.

¿Sigues la actualidad del Pedraforca hoy en día?

Creo que no hay mucha actualidad, pero sí que más o menos voy siguiendo lo que ocurre. De vez en cuando veo a Jordi Gallardo, el guarda actual, que somos buenos amigos, hicimos un trasvase de poderes muy bueno. Él se ocupa de lo que necesita el refugio hoy en día, que sobre todo es dar servicio de comidas, pero escaladores pocos. El público de ahora ha cambiado, hay gente que necesita un letrero grande que diga "Cuidado, niebla" cuando hay una niebla que no se ve ni el letrero. Hay que tener demasiada educación cívica para estar de cara al público, mucha *politesse* como dicen los franceses. Y ahora no se puede hacer nada, todo son prohibiciones. Lo refugios, y la sociedad, han cambiado mucho.

Eva MARTOS

Picazo y su columna

Primera solitaria a la norte del Calderer

La 'Columna de Picazo', que Antonio García Picazo abrió el 10 y 11 de septiembre de 1984, fue la primera apertura realizada en solitario en la muralla norte, que aún hoy sigue siendo el artificial más respetado del macizo, con escasas repeticiones. Invirtió en ella dos vivacs en los que no dejó de «hacer el amor con las estrellas».

TODO comenzó un día en que la fantasiosa locura de la escalada me indujo a que fuese a efectuar la directísima *Anglada/Gillamón* a la muralla norte del Pedraforca. Y nada más empezar esa preciosa ruta mi atención enteramente se quedó prendida de la llamativa y perfecta columna que aérea y audaz se perfilaba, alzándose como una de las vértebras más bellamente esculpidas de un palacio.

PEDRAFORCA Pared central del Calderer
Cara Norte Vía Columna de Picazo MD,A₃

ARMAND BALLART

1ªASCENSION : días 10 y 11 de Sep. 84.
Abierta por ANTONIO GARCIA PICAZO en solitario con un vivac en R4.

Allí había una extraña presencia, pero no maligna, sino todo lo contrario. Me conmovía tanto su atención, era algo muy placentero, pues hacía que me sintiera muy a gusto con aquella presencia que no paraba en decirme que trazase un nuevo itinerario, ¡que no me arrepentiría!

Desafortunadamente, un accidente producido por una trepada en la mano derecha me impidió regresar tan pronto como hubiera deseado. Empero, nada más rehabilitado, mes y medio más tarde, decididamente cogí el autobús Barcelona - Manresa - Guardiola de Berga.

Los primeros días de mi llegada todo siguió un curso fascinador. Durante cuatro días seguidos, cada mañana, al sonar el despertador del sol me acercaba al pie de la pared para realizar evocadoras ascensiones. Las aprovechaba como entreno para la futura ruta que pensaba realizar en solitario por lo más impresionante de la columna. Cada tarde escribía un poco de todo esto. ¡Ah, y cuán gratificador era leer al atardecer tumbado sobre el césped cuando las cumbres se tintaban en carmesí. Luego venían los colores añiles que precedían a la noche y yo, como un fiel enamorado, me declaraba a las deliciosas estrellas y hacía el amor con ellas, allá en un despejado claro del bosque. Al octavo día que por allí vagaba –todos ellos durmiendo al aire libre– creí que el momento oportuno de iniciar la ascensión que aquí me había traído.

Tan pronto acabé de hacer los primeros 70 metros del empinado pedestal que conduce al inicio de la columna donde habita mi amigable amigo, con el sistema elástico de sube, asegúrate bien, rapela el largo abierto, vuelve a subir recuperando el material para finalmente acabar de izar la mochila con todos los menesteres que hagan falta, empalmé las dos únicas cuerdas que llevaba, hice una instalación de rápel intermedia y volví a descender volando como un pájaro loco hasta el refugio, donde me permití el lujo de tomar un día de descanso que me supo a divinidad.

Recuerdo que un personaje que se preparaba para guía y meses más tarde lo fue, se atrevió a insinuarme: «Pero Antonio, ¿crees que vale la pena abrir una ruta en la cara Norte del Pedraforca haciendo vivac, cuando todas las demás rutas se hacen en un momento?". Sí, el chico iba para guía, pero el sentido de poeta lo tenía totalmente atrofiado...

¡Alucino del copperhead que estoy colgado! Abajo, el seguro que tengo es una flor de pitonisas y, más abajo, hay colocada una punta de clavo, y arriba, a un metro y medio, levemente desplazada a la derecha, distingo una fisura que trataré de alcanzar realizando un paso de artificial. Procurando no hacer oposiciones ni posturas raras encima del copper, trato de introducir un clavo. ¡Me es difícil alcanzar la fisura, pues la pared extraploma! Tras varios intentos, al final logro que el clavo quede aguantándose por su punta en la grieta de la roca. No desperdicio ni un instante y, tan rápidamente como soy capaz, le doy un certero martillazo, dos, tres y clin, clon, clin, güen, tintineando sale rebotando pared abajo al tocar la punta en la roca de la fisura sin profundidad. Esa fisura no me sirve. ¡Me canso!

Con un pie en el estribo, el otro en la placa aguantándome el equilibrio y el cuerpo estirado al máximo, en rígida tensión pruebo a clavar: clinc, clonc, clenc, ¡uf, suspiro, clínc, güen … se cae, pero esta vez, uf, se queda colgando de la cinta, pues he tenido la previsión de unirlo a mi baga portamaterial. ¡Me desespero! hasta que por fin, en uno de los intentos, definitivamente encuentro el punto débil. Cling, clong, cleng y pun, pam, más otros dos martillazos de miedo que le doy para acabar de rematarlo… ¡Salvado!

Cuando llevo 35 metros de escalada alcanzo la primera repisa de la parte más pronunciada de la columna, donde instalo la reunión. Cuatro extenuantes horas y media me ha llevado efectuar el presente largo. Aproximadamente tres horas más tarde, concluidas las maniobras de bajar y volver a subir limpiando el largo, instalo el primer vivac.

Parece mentira, pero mientras ceno el amplio celaje se ha ido cubriendo de nubes. Bien tarde, en pleno corazón de la noche, veo cómo asoma el brillo de unas redentoras estrellas diciéndome: ¡menos mal, de momento no lloverá!

El amanecer del segundo día en la pared es tranquilo, bello otoñal. La claridad ha venido volando por los aires y arrastrándose por la tierra. Calentado por los rayos del sol he desayunado frutos secos, chocolate, galletas y un poco de pan con unos mordiscos al chorizo, este, por muchos golpes que le des cuando se arrastra la mochila, siempre se conserva intacto.

COL. ANTONIO GARCÍA PICAZO

Antonio durante la apertura de su *Columna Picazo* en septiembre de 1984, «una foto que me hicieron unos franceses que estaban escalando al lado y luego amablemente me la enviaron», nos cuenta.

Desde el mismo momento que inicié la ascensión el progreso era lento, pero no paraba ni un minuto. Solo de tanto en tanto me dejaba colgar de un clavo, suspiraba, reponía fuerzas, contemplaba el entorno, el refugio, el silencio y la soledad. El abismo a mis pies provocaba sensación de vértigo, siempre tan presente en las aéreas escaladas, por lo que apenas procuraba mirarlo. Metro a metro fui alzándome por el pilar durante otro imparable día de escalada

A la sombra de la cara norte hace un frío agradable. Cuando por fin alcanzo la amplia repisa por donde se unen todas las rutas de la pared central del Calderer, que

viene a representar el fin de las dificultades, me hallo totalmente cansado. 240 metros son los que he efectuado de ruta nueva (100 pertenecen a la columna). Como no tardará en hacerse de noche, me dirijo a una hospitalaria repisa que conozco, hoy vivaquearé en ella, será el segundo y último vivac que efectúe en esta nueva ruta.

Después de un atardecer y un amanecer idénticos en prodigiosa belleza, con los dedos hinchados por la dura actividad de los anteriores dos días, alcanzo, paso a paso, con una enorme mochila a cuestas ¡la cumbre! Infantilmente ensimismado en felicidad por el panorama de los super-

puestos pliegues de las colinas, por pura sencillez, por soledad, alzo la vista y una agradable presencia se postra a mi lado. Sonriente, me mira. ¡Yo también la miro y sonrío! Y, juntos, entretenidos en las indescriptibles sensaciones de la cima, no nos decimos nada, ¡tampoco hay nada que decir!, las sonrisas equivalen a todo… ¡Pedraforca, gentil estrella!

Antonio GARCÍA PICAZO
Extractos de su libro Escaladas en solitario
(Autoedición, 2019)

[También dejó otra línea en el Pedraforca que lleva su nombre: *Vía Antonio García Picazo* (185 m, MD+ A2), en el Pilar Norte del Pollegó Inferior, que abrió del 20 al 23 de agosto de 1985 "en autenting montserratting soling", como describe jocosamente él mismo en la reseña original].

Isaac Pascual y David Tallant en el *Esperó Barrufets* (280 m, 7a o 6b/A0) del Pollegó Inferior sur, estética vía abierta en los 80, hoy reequipada.

Desde los revolucionarios ochenta hasta la actualidad, la montaña ha sido lienzo y partícipe del desarrollo de la escalada, del espit al parabolt, con antiguos artificiales liberados y retos cada vez más difíciles. Hoy más visitada por excursionistas y menos por amantes de la vertical, pero nunca olvidada.

EL «PEDRA» SIGUE VIVO

Cuaderno de escaladas de la sur del Pollegó Inferior, autoeditado por Joan Asín y Manel Rosell en 1980, que recopilaba 11 itinerarios de la pared.

A la derecha, Ricard Balaguer en la vía *Barrufets*, por la cara norte del Calderer, abierta en 2005 por Jordi Bonet y Jordi Camprubí, dos de los miembros originales de este grupo, parte de cuyos integrantes están en la foto inferior, frente al refugio Lluís Estasen de camino hacia la *Barrufets exprés* (1981); de izquierda a derecha: Jordi Camprubí, Miquel Lusilla, Xavi Pérez Gil, Pere Roca, Albert Gómez y Remi Brescó.

ARMAND BALLART

ABANDONAMOS los setenta en plena transición; son años de tribus, los jóvenes "piratas" andaban haciendo de las suyas en especial por Montserrat –vías como la *Easy Rider* de la Paret de l'Aeri o la *Aresta Arcarons* son de esta época– y a su paso por Pedraforca plasman su actitud desafiante en rápidas repeticiones y primeras como la ya mencionada vía de *l'Estimball*. Esta atrevida línea, junto a la definitiva aceptación de los pies de gato, abrió la veda para las aperturas en la cara sur, que a principios de los ochenta vio multiplicadas sus rutas. Una de las más destacables abierta poco después fue la *Vía de l'Emilio*, en noviembre de 1979, por Josep Lluís Moreno, Emilio Ortega, Xavier Ortega y Manel Rosell, que superaron las lisas placas de la cara sur del Pollegó Inferior de forma elegante, abriéndola desde abajo en estilo clásico, con ganchos en los agujeros y ya con la mentalidad de forzar en libre el máximo posible. También de ese año e igualmente desde abajo es *La Patum*, por Ramón Sánchez, Agustí Alarcó y Antonio González.

Entre otros escaladores asiduos al Pedra en los incipientes ochenta que siguen este mismo estilo se encuentran Jordi Camprubí, Remi

Brescó, Xavi Pérez Gil, Albert Gómez, Miquel Lusilla, Toni Ramírez o Pere Roca, varios de los cuales formarán después el grupo de los «Barrufets». Dejan su impronta en vías como la *Barrufets*, en la Agulla Gopal-Ji, Cabirols (por Pep Altés, Jordi, Lito Gaztelu y Xavi,

en 1979) y otras dos en la sur del del Pollegó Inferior: *Esperó Barrufets* (Brescó, Gómez y Camprubí, 1980) y la *Barrufets exprés* (Lusilla, Roca y Camprubí, en 1981).

Llega la nueva ola y los equipamientos desde arriba

Nos lo ha contado Joan Martí: ya no se trata de repetir las vías clásicas, sino de empalmar tres en el día y volver a tiempo al refugio para reunirse junto al fuego y prender la mecha que arderá en las grandes montañas. Son los jóvenes de la *new wave*, con nombres como Enric Lucas, Josep Rigol, Albert Cucó, Josep Lluís Moreno, Toni García "Vikingo" o los hermanos Néstor y Nil Bohigas que, junto a la chimenea del Estasen, urden expediciones como la del Saraghrar en estilo alpino (1982) o la aún hoy mítica sur del Annapurna (por Nil Bohigas y Enric Lucas en 1984).

La nueva mentalidad del *free climbing* que ya se impone en las

JOAN MARTÍ

escuelas españolas inaugura también en el Pedraforca los equipamientos desde arriba a ritmo del nuevo juguete, el espitador, que comienza con la vía *Star Mac Hara* en 1981, por J.L. Moreno, J. Rigol y los hermanos Bohigas. Las lisas paredes de la cara sur del Pollegó Inferior se van cubriendo de líneas como la larga *Vía de Tots* (en 1981 por Xavier Ortega, Manel Rosell, J. C. Serrano, Manuel Pedro, Jean Ch. Peña, Félix García y F. Bascuñana), la *Choras Piengue* (en 1983, por N. Bohigas, A. Cucó, J. Rigol y M. Picallo) o la *Jordi Verdaguer* (en 1984, por A. Amigó, Núria Alacuart, Jordi Rosell, Miquel Lázaro, Carles Loré y Jordi Verdaguer), entre las más destacadas.

Aunque lo que predomina es la búsqueda de la escalada libre, hay quien no se deja llevar por las tendencias. El más representativo es el barcelonés Antonio García Picazo a quien, como ya hemos visto, le importa poco el qué dirán, y

en 1984 deja a golpe de martillo su *Columna Picazo* por la norte del Calderer, la primera vía abierta en solitario en el macizo.

Pero lo más destacado de estos años es el ambiente que se vive en el Pedra, con escaladores copando los itinerarios de las paredes cada fin de semana venidos desde distintos puntos de la geografía española, que protagonizan la época más fanática de la montaña.

Antes de terminar la década, en 1988 se equipan dos nuevos y técnicos itinerarios en la cara sur: la *Vía de l'Heretge* (por Lluís Varela, Toti Vales, Mingo Nieto y Llorenç Estrader) y *L'Alicorn* (por Pep Pascual, Jaume Salat y Xus Itxart) que suben el listón de la dificultad, abriendo las puertas al séptimo grado en la montaña.

En la cara norte se siguen recorriendo las clásicas en verano, mientras que alguno se aventura también a meterse en los corredores y líneas de hielo y mixto que la surcan en época invernal,

no demasiados pues su aspecto es tétrico y su escalada exigente.

Los noventa: liberaciones y taladro

«No hace mucho que se amplió el refugio, que se abrieron vías nuevas y ahora estamos en un Parque Natural, el Pedra lo ha sufrido todo hasta que desde el Norte ha llegado la palabra severa y protectora a la vez, que dice: "Este clavo lo verás, pero no lo tocarás". Con la ética recuperamos el mito, lo extremo, lo inaccesible». Este párrafo lo escribe Joan Martí y forma parte de la introducción de la nueva guía de escalada del Pedraforca, a cargo de Joan Jover, publicada en 1990. En ella se recogían ya un total de 90 vías (entre ellas, 30 de la vertiente sur y el resto de la norte). Y en las palabras de Joan quedan reflejados los principales cambios del macizo: en primer lugar la declaración del Parque Natural del Cadí-Moixeró que se produjo en 1983, y

Arriba, Eva Sensada a mediados de los noventa escalando la *Choras Piengue* (210 m, 6c o 6b/A1) abierta por miembros de la *new wave* en 1983, por la cara sur del Pollegó Inferior. Abajo, portada de la guía de escalada de Joan Jover, publicada en 1990.

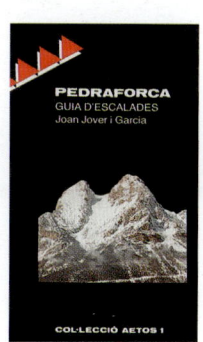

DARÍO RODRÍGUEZ

solitario *Pura Vida* (99), ambas por la vertiente sur.

Es también el momento de las liberaciones de los tramos de artificial que quedan pendientes, en especial de vías de renombre como la *Vía de l'Estimball*, cuya escalada completamente en libre corre a cargo de David Tarragó, quien propone el exigente 7b+ aún vigente para el quinto largo.

Se realizan igualmente reequipamientos, sustituyendo los viejos buriles por parabolts, sobre todo gracias al trabajo de Xavier Barrachina, uno de los habituales del refugio en los noventa.

En cuanto a la muralla norte, ya abiertas las líneas más lógicas, son pocos los que se aventuran a trazar vías nuevas en los noventa y las que salen es a costa de tramos resueltos en artificial. De este estilo son la *Turisme Tecnològic* (en 1995, por A. Santiago, Jordi y Javi el 87) y la *Ritual Extrem* (en 1999, por Jean Ch. Peña, Armand Ballart y Robert Fernández); ambas en la la muralla norte del Calderer y aún hoy poco repetidas.

Otros escaladores activos en los noventa son Manel Pedro "Gastón" y Joan Freixas, que abren varias en la Dent del Cabirols, como la *Vía d'en Melchor* (con Melchor Rodríguez, 1991) o en el sector

Arriba, Joan Cabau a mediados de los 90 en la *Somni de Pedra* de la cara sur, vía equipada por Francesc Panyella y Jaume Serra en 1992, con un grado de 7a. Abajo, María José Chesa durante la primera ascensión de *Lunascente*, en el Collet de la Cova, cara N, que realizó con Armand Ballart en agosto de 2009.

que incluía el Paraje Natural de Interés Nacional del Massís del Pedraforca, por lo que la montaña gozaba de una protección especial. En segundo lugar se deja clara la exigencia del respeto a la ética de la escalada tradicional en la cara norte, cuyas fisuras y diedros dejaban margen para la escalada de autoprotección, ya con los nuevos friends como compañeros inseparables.

Esta defensa de la escalada limpia no quita que se sigan equipando vías en las paredes de la cara sur, en especial con la llegada del taladro a principios de los noventa. En esta etapa se crean nuevas líneas como la *Somni de Pedra* (92), la *vía del David* (93), *El Camí del Tro* (93) o la *Pany & Company* (95), todas ellas en la muralla sur del Pollegó Inferior, entre cuyos autores se encuentran Francesc Panyella, Jaume Serra, Francesc Suñol o Joan Boter.

Hay quien continúa fiel a las aperturas en estilo más clásico, desde abajo, como Emilio Albir, Josep Rigol, Maria Pujol y Luis Alfonso, que surcan la *Ventura Highway* en 1997; así como un escalador apodado "Rodó", que traza en

ARMAND BALLART

oriental *Canas i Espits* (con Toño Sánchez, 1993) o la propia *Gaston*, de Manel con Felipe Oblanca en 1994. También hay quien se fija en la casi olvidada cara norte del Pollegó Inferior, añadiendo líneas con carácter alpino como *Chaplin* (por Josep Jané, Jordi Magriñá, 1996) o *Feliç Aniversari* (por Arnau Julià en solitario, 1999).

La alternativa Roget

La pared sur empezaba a saturarse de itinerarios, así que la mirada se desvió entonces a la pared del Roget, una franja rocosa gris y anaranjada (de ahí su nombre) ubicada en el extremo del Pollegó Inferior igualmente de orientación sur, al resguardo y con una cuota de sol que invita a escalar en pleno invierno. La morfología de la roca no es tan compacta como las placas de la cara sur, presentando conglomerado en su tramo inicial. La primera línea en surcarla fue la *Prima*, que corre a cargo de cuatro de los locales, todos ellos ya mencionados en párrafos anteriores: Joan Martí, Toni García, Josep Rigol y Xavier Barrachina, que surcan el sistema de fisuras más evidente. La abren en enero de 1989 y en ese mismo año aparecen otras tres rutas en este muro: la vía *Carnestoltes*, *En busca de l'Unicorn* y *Dents del Lleó*.

Con el transcurso de los años noventa siguen surgiendo nuevas líneas como la vía *Cobra*, la *Dorian*, la *Vía de la Lola* y la *Paul Preuss* (todas del 91), así como algo después otras más elaboradas –con tramos resueltos en artificial– como *El Lujo de la Miseria* (95), la vía de l'*Avi Miquel* (99) o el *Desplom del Palancó* (99), en las que aparecen nombres como Armand Ballart, Xavi Cullel, M. Arcarons o Josep Batlle, así como los incombustibles Jordi Camprubí y Remi Brescó, entre otros.

Aunque nunca de forma masiva, en las siguientes décadas se han seguido desarrollando vías en esta rojiza pared, llegando aproximadamente a la veintena con las que cuenta hoy día, pero abramos el cuadro para tomarle el pulso al macizo con el cambio de siglo.

Cambio de siglo, desvelando los huecos

El auge de la escalada libre primero y deportiva después –cuyas bases se acabaron de asentar a finales de los ochenta– hizo que los nuevos buscadores del grado se dispersaran a otras escuelas más accesibles que la alejada pared sur. El interés por el Pedraforca disminuyó, lo que se vio reflejado en una menor afluencia de los escaladores.

Claro que los enamorados de la aventura siguen acudiendo a la pa-

Arriba, Estel Parés en el L3 de la *Carnestoltes* a la pared del Roget, vía abierta en 1989. A la izquierda, Quim Bretcha durante la apertura de *Solstici d'estiu*, que realizó junto a Edu Sallent en junio de 2008, desvelando una de las escasas líneas lógicas que quedaban en la norte del Pollegó Inferior.

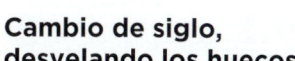

PAU HERRERO

EDU SALLENT

Derecha, Edu Sallent durante la apertura de *El Món de la Xénia* (2017); y a su lado Joan Camprubí (de los Barrufets) en 2008 cuando unió motivación con Armand Ballart (de los Piratas) para abrir la vía *Joan Martí*, en honor al guarda, creando una de las líneas más largas de la vertiente norte. Abajo, Adrià Chueca durante la primera a la vía *Katana* en 2011, una exigente escalada al Pollegó Superior norte, de 500 m y hasta 7a, abierta sin expansiones.

COL. EDU SALLENT

ARMAND BALLART

ARMAND BALLART

RICARD AULET

red norte, como el infatigable Armand Ballart, quien se autodefine como «un enamorado más del Pedraforça, con una especial predilección por abrir vías donde sea». Lo cierto es que probablemente sea quien más vías haya dejado en el Pedraforca, macizo que conoce muy bien y del que tiene realizadas un gran número de reseñas dibujadas con su inconfundible estilo. Miembro de la original tribu de los Piratas, su nombre ya ha aparecido en la pionera de *L'Estimball* de la cara sur y en algunas de las primeras del Roget, pero es sobre todo a partir del cambio de siglo cuando su actividad aperturista es más intensa en el Pedraforca, sumando una veintena de primeras ascensiones. Fiel al terreno de aventura, su pared predilecta es el muro norte del Pollegó Superior, donde con buen ojo va dibujando los huecos que todavía quedan, con compañeros como Àlex Vives, con quien abre *Chiruca*, y *Àrea privada* en 2001 y al año siguiente la *Vía de la Nina* y la *Triple Directa* (esta última con un bello recorrido de más de 600 metros casi todo en li-

bre, que llega hasta la cima del Pic Superior). En 2006 se encuerda con Jordi Camprubí y, en esta bonita conjunción Piratas-Barrufet, crean una vía que sube desde la base a la cima del Calderer, que igualmente supera los 600 metros y que bautizan en homenaje al guarda: *Joan Martí*.

Armand se ata también con el nuevo guarda, Jordi Gallardo, creando dos cortos itinerarios: el *Esperó del refugio* (2008) y *Thora*

Blava (2010) a la Grallera. E igualmente en el Pollegó Superior norte sigue desvelando líneas como la recia *Nordmagnum* (con Pau Tomé, 2007), *Lunascente* (con Mª José Chesa, 2009), *Katana* (con Adrià Chueca, 2011), *Impaña* (con Toni Cano, 2011) o *Super-Gratton* (con Jofre Ulldemolins, 2012). También explora la pared este del Pollegó Superior, donde abre otros cuatro recorridos cortos en 2003: en solitario *Black Money* y *Cavalls del Vent*, y con Albert Puyal *Galayos* y *Pedriza*.

Pero Armand no es el único que demuestra su buena vista para encontrar huecos libres en la pared norte en las últimas décadas. Además de las ya mencionadas, en el Pollegó Superior, con salida en sus distintas cumbres, se dibujan otras como *L'Espero de Lampistes* (2001), *Vaga General* (2002), *Iaia Araceli* (por Javier Santana en solitario, 2004), a las que se suman otras tres de Adriá Chueca: *L'Escolopendra* a la Dent dels Cabirols y *Mixte de Pagès* (ambas con Jordi Castellà en 2011) y con otros compañeros la *Barbie* (2013), por el sector central.

Dos de los más incombustibles Barrufets, Jordi Camprubí y Jordi Bonet, vuelven a la carga en 2005 y dejan una nueva *Barrufets* que supera los ¡1000 metros de recorrido! por el sector central del Pollegó Superior, uniendo los mejores tramos que quedaban a la izquierda de la Canal de Riambau.

Y sigue habiendo quien se decanta por la vertiente más soleada, donde se añade líneas como la *Voll-Dam*, por Gustavo Mañez "Kush" y Roger Olmos (2003), o la *Centenari AEC*, de nuevo por Kush con varios compañeros, esta ya en 2012. Igualmente Joan Miquel Dalmau –autor de la guía de escalada del Pedraforca, cuya primera edición sale en 2003 y la segunda en 2014– es el aperturista de sendas líneas en especial en la cara sur, como él mismo nos cuenta unas páginas más adelante.

ESTEL PARÉS

Propuesta Cavalls del Vents

En 2012, como nos ha relatado Joan Martí, surge una nueva propuesta que tiene el objetivo de reactivar la afluencia de visitantes al Parc Natural Cadí-Moixeró: se trata de una ruta señalizada que encadena los ocho refugios más emblemáticos de la zona: Lluís Estasen, Prat d'Aguiló, Els Cortals, Serrat de les Esposes, Sant Jordi, Niu d'Àliga, El Rebost y Gresolet. La bautizan con el nombre de *Cavalls del Vent* (en recuerdo a las banderas de oración tibetanas que ondean en el Himalaya)

y suma algo más de 76 km de distancia y 10 000 metros de desnivel acumulado, siendo hoy en día una de las travesías pirenaicas más frecuentadas, que los excursionistas suelen realizar entre 3 y 6 días en época estival.

Edu Sallent y su descubrimiento

Aunque en este siglo los excursionistas son sin duda los visitantes más numerosas, los escaladores no dejan de acudir a las clásicas de la norte o de la más amable cara sur, muchas de ellos ya reequipados. Uno de estos incondicionales

Arriba, Gerard Pich en una repetición reciente de la *Choras Piengue*, vía abierta en los ochenta, actualmente restaurada para su escalada en libre (dificultad 6c o 6b/A1 obl). A la izquierda, Edu Sallent en la primera de la vía *Anna*, que realizó junto a Ricard Aulet (2009) en la norte del Pollegó Inferior, donde ha abierto otras cuatro líneas.

FOTOS: STIVEN MOYANO

Arriba, Stiven Moyano durante el reto personal que se propuso de ascender 10 cimas del Pedraforca en 10 días (en 2019). Abajo, Núria Picas escalando la clásica cascada *La Columna del Verdet* (en febrero de 2012). Página derecha, durante la apertura de *Cap i pota* (105 m, 6b+/A2, 6a obl) por Pep Vila, David Panissello y Edu Sallent en 2013, por la norte del Pollegó Inferior.

es Edu Sallent quien, además de escalar muchas de las vías del Pedra, añade cinco nuevas vías entre 2008 y 2017, todas ellas por la norte del Pollegó Inferor: la *Solstici d'estiu* con Quim Bertcha; la vía *Anna* con Ricard Aulet, la *Cap i pota* con Pepe Vila y David Panissello; la *Fisura Violeta* con Pep Vila; y *El món de la Xènia* con Quim Bretch y Oriol Macià. De todas ellas destaca en especial la primera, de 250 metros de recorrido y que hoy sigue siendo una de las más repetidas de esta pared. Sobre su descubrimiento Edu nos cuenta: «Para nosotros fue una sorpresa, para el año en el que la abri-

mos, encontrar una línea de fisuras en medio de la cara norte, por un lugar por donde todos los escaladores pasan». Empezaron a abrirla a mediados de otoño de 2007, accediendo por la vira lateral desde donde hoy es la primera reunión, pues veían que la nieve iba a llegar, y quisieron de este modo "reservar" su descubrimiento. Regresaron ya en primavera, ahora ya si metiéndose desde el suelo. Destaca sobre todo «la fisura final, de unos 50 metros desplomados; encontrarnos con aquello fue apoteósico». Aunque es una vía moderna, tal y como aseguran muchos de sus repetido-

res, tiene los ingredientes de una vía clásica, con las reuniones equipadas cómodas y largos semiequipados. El relato de esta apertura está recogido en un capítulo de su libro *Aquel vol de Papallones* (Ed. Desnivel, 2021).

Aunque Edu ha escalado un buen número de vías de roca del Pedra, su recuerdo más intenso se lo lleva una repetición invernal que hizo a la vía *Estasen*, que «es de las mejores que he hecho en el Pirineo, una auténtica cara norte en la que encuentras de todo. Cuesta encontrarla en condiciones, nosotros la conseguimos al cuarto intento». Es además una vía especial para él fue la primera vía que hizo en solo integral, un verano en un horario muy rápido, poco antes de marchar a su expedición al Nanga Parbat que realizó en 1997 (donde hizo cumbre, pero sufrió una trágica experiencia con la pérdida de un compañero, que relata en su libro *Mientras haya luz*, Ed. Desnivel, 2014).

En cuanto al presente y futuro del Pedraforca, nos comenta que «por sus largas aproximaciones, situación, tipo de escalada... creo

RICARD BALAGUER

que es una montaña que nunca se va a masificar de escaladores. Lo que en realidad es una suerte, porque en general no encuentras a muchas cordadas en las paredes, y no creo que esto vaya a cambiar mucho». Si pudiera, se atreve a aventurar que «quitaría algunas chapas que creo que sobran, siempre dejando las vías que no se matara la gente claro, pero para poder vivir la escalada de una forma más natural, como los pioneros».

Otros retos particulares

Sin embarcarnos en un terreno que no es el nuestro, esbozamos la montaña desde la perspectiva de los trail runners, para quienes el Pedra ofrece una pista perfecta. El 24 de mayo de 2020 el joven Andreu Simón fue noticia por batir el récord de subir y bajar a la cumbre (desde el refugio Estasen, subida por la canal de Verdet y vuelta por la tartera hasta el refugio) en solo 1 h y 27 seg, superando así el récord anterior, imbatido desde hacía 20 años. Lo curioso es que el protagonista del récord anterior, Kiku Soler, ni siquiera sabía la fecha exacta de su hazaña (recorrido en 1h2min, que él nunca consideró tal: «Nosotros no buscábamos ningún récord,

sino que esto formaba parte del entrenamiento que hacíamos con la selección catalana, que en aquellos momentos dirigía Sergi Vila, que fue quien midió los tiempos. De hecho normalmente hacíamos dos veces el recorrido». Solo un mes después de la carrera de Andreu, Manuel Merillas estableció una nueva marca, realizando el ascenso y descenso en 53 min 12 seg. Entre las chicas, la mejor marca es de la corredora Núria Picas (en 1h 7min 50 seg), que tiene el Pedra "en el jardín de casa" y donde lleva muchos años escalando tanto en roca como en hielo, corriendo y entrenando.

La montaña ha sido y sigue siendo objeto de retos personales más o menos románticos, como el del guía de montaña Stiven Moyano, que se propuso alcanzar diez cimas del macizo en diez días. Lo realizó en abril de 2019, sumando contratiempos variados (como una gran nevada), más de 20 000 m de desnivel y muchas emociones intensas, que plasmó en el documental *Pedraforca 1010: 10 días 10 cimas*.

Volviendo a los escaladores, como ya ha quedado reflejado, en los últimos años la afluencia no es masiva pero los incondicionales nunca han dejado de existir. Dos de los más activos, Adrià Chueca y Pau Herrero, nos cuentan en las siguientes páginas que el «Pedra» tiene todavía mucho que ofrecernos.

Redacción DESNIVEL

Envuelta en leyendas de brujas que practican rituales, de un castillo del diablo en su cima o de un ángel que, con su poderosa espada partió en dos la montaña, lo cierto es que la inconfundible silueta del Pedraforca resulta evocadora.
Abajo, portada de la guía de escalada del *Pedraforca Sur*, publicada en 2005 por Xavi Buxó y Luis Alfonso.

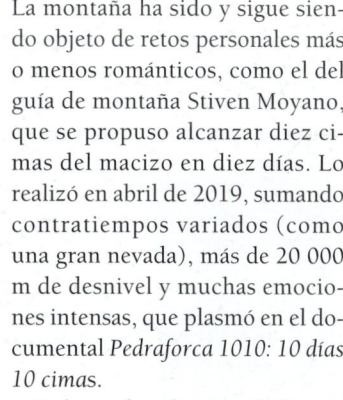

Joan Miquel Dalmau

«Mi admiración por el Pedrafora es perdurable»

Los tres años de su vida que ha dedicado a recopilar información y escalar itinerarios dudosos para elaborar la guía actual de referencia del 'Pedra', se suman a los otros más de treinta que lleva enamorado del macizo, repitiendo y creando nuevas vías y recorriendo sus caminos.

A la amplia trayectoria en la montaña de Joan Miquel Dalmau – en sus inicios miembro del emblemático grupo T.I.M. de Sabadell, así como posteriormente del GAME–, que cuenta con múltiples escaladas tanto por Pirineos como por Alpes, Andes, Himalaya o África, se une su vocación de compartir conocimiento. Cuenta con sendas guías de escalada de las Agulles de Montserrat (2011) así como del Aneto/macizo de la Maladeta (última edición de 2020). Su guía del Pedraforca, publicada por primera vez en 2003 y reeditada y actualizada en 2014, sigue siendo hoy día la

---

PEDRAFORCA, indret mític
Guía d'escalades
Ed. Serre, 2014
14 x 21 cm. 252 pág. Idioma: catalán.

Práctica guía con croquis sobre fotografía que cubre las paredes del macizo por todas sus vertientes, con descripción de cada vía y todos los datos necesarios para su escalada.
A la venta en **www.libreriadesnivel.com**

obra de referencia de la montaña. Una vocación que probablemente le ha aportado pocos beneficios económicos (siempre ha compaginado sus facetas de autor y escalador con su trabajo de ingeniero y antropólogo), pero que aporta un valor incalculable a la comunidad escaladora.

¿Cuántas vías has abierto en el macizo del Pedraforca y en qué años?

Tres en la cara sur del Pollegó Superior: la vía *Keï* en solitario en 2002, que surca Els Cabirols Inferior, y por el Collet de la Cova la *Vía Làctia* y la *Marmota*, ambas con Eduard Abelló en 2003. Otra en El Roget, la vía *La Termita Picant*, con Joan Portes en 2011 y también con Joan en ese mismo año la vía *Elidirect*, en el Falso Pollegó Inferior. Después en el 2012 abrí con Jean Ch. Peñas, Josep Escofet y Joan Portes en el Mirador del Gresolet la vía *Strep*, y por último de nuevo con Joan la *Aequinoctium* en la cara norte del Pollegó Inferior en el año 2014. En total siete líneas.

De todas ellas, ¿hay alguna que sea tu favorita?

De todas las aperturas que he realizado, en este macizo y en otros, solo me queda el recuerdo de haber hecho realidad algunos de mis proyectos soñados, sin ninguna preferencia en especial.

Además del pionero Lluís Estasen, ¿qué escalador crees que ha dejado una huella más importante en el macizo?

Antaño, cuando las aproximaciones a este macizo requerían grandes esfuerzos con material de escalada muy pesado y cuerdas de cáñamo, hay diversos escaladores para tener en cuenta. Pienso en los hermanos Francesc y Josep Estorach, Jordi Panyella y la pionera Maria Antònia Simó; para mí uno de los más carismáticos ha sido Josep Manuel Anglada,

FOTOS: COL. JOAN MIQUEL DALMAU

Arriba, foto reciente de Joan en la Torreta del Cadí. A la derecha, abriendo la *Vía Làctia* al Collet de la Cova, que realizó con Eduard Abelló en 2003. Y más a la derecha, tomando fotos en la montaña (documentación para alguna de sus guías) y con Joan Martí, guarda del refugio, en 2002.

que se adelantó técnicamente a su tiempo, siendo sumamente innovador con el arte del pitonaje, así lo demuestran sus aperturas en este macizo. En la actualidad, se me ocurre citar a Armand Ballart como gran apasionado de este colosal macizo, tanto por su aportación técnica como humana.

¿Por qué te decidiste a hacer una guía del Pedraforca?

Cuando en mi infancia tuve la suerte de vivir en una masía de Vallcebre, muy cerca de esta emblemática montaña, me permitió ver, amar y casi acariciar esta gran mole calcárea, siempre de tonos cambiantes en la escala de unos deslumbrantes

grises que resaltan por su extraordinaria belleza, divergente a todas las cumbres de su entorno, logrando aumentar un disfrute estético e hizo aflorar en mí emociones trascendentales hacia esta montaña.

Mi familia y los habitantes de la zona desde hacía años la consideraban una montaña inaccesible, temida y legendaria. Quizás por todas esas razones, con la admiración adquirida, la cual es perdurable siempre durante décadas de mi vida, a la que tuve ocasión y fui conocedor con los años del macizo y sus rutas de escalada en sus formidables paredes de roca caliza, sin olvidar los momentos vividos junto con mis compañeros de cordada e inquietudes y emociones compartidas, decidí

realizar con todo mi respeto y energía una guía del Pedraforca, pudiendo expresar en ella conocimientos y experiencia.

¿Qué fue lo más difícil de este trabajo?

Vincular mi vida profesional en las idas y venidas al macizo mientras duró el trabajo de unos tres años en realizar la guía y, sobre todo, mi acercamiento a la zona, con 120 km de mi casa que me separan de Saldes, y realizar casi todas las ascensiones donde tenía dudas razonables sobre el itinerario original.

¿Estás contento con el resultado?

Uno de los objetivos fundamentales como proyecto personal era mejorar la

recopilación de datos e información que existía antes sobre sus rutas, canales y escaladas más antiguas, y así poder facilitar un soporte de reseñas más divulgativas antes de realizar cualquier ascensión de este mítico macizo que es el Pedraforca. El proyecto lo hice con perseverancia e ilusión y sí, estoy contento con el resultado.

¿Qué vínculo tienes actualmente con el Pedraforca?

Aunque ya no tan asiduamente como antes, sigo visitando siempre que puedo esta montaña, la cual sigue transmitiéndome la energía de su propio lenguaje, para mí único y especial. // E. M.

Panorámica nordeste del Pedraforca, tomada desde Gisclareny, en la que se puede observar claramente sus dos Pollegons separados por la Enforcadura.

PEDRAFORCA, UNA HISTORIA CON MILLONES DE AÑOS
No fueron las brujas, sino la geología

El Pedraforca, la horca de piedra, es un fascinante ejemplo de la íntima conexión entre la geología y la escalada. Su peculiar formación geológica, los dos Pollegons calcáreos separados por una Enforcadura compuesta de margas más fácilmente erosionables, ha forjado un terreno de juego único para los escaladores.

A historia geológica de la montaña es similar al resto de macizos del prepirineo calizo. El choque de la placa tectónica Ibérica con la placa Euroasiática, hace más de 70 millones de años, levanta las rocas del Pirineo desplazando hacia el sur grandes masas de roca sedimentaria. Finalizado el episodio, los glaciares y la erosión terminaron el trabajo dejándonos el paisaje actual.

En el Pedraforca las rocas que forman la parte superior de la montaña son del Cretácico inferior, es decir, se depositaron hace unos 120 millones de años. Pero aunque los dos Pollegons pertenecen al mismo período geológico, la caliza del Inferior es completamente diferente a la del Superior.

Las calizas del Pollegó Superior, de composición más arcillosa y bastante más antiguas, sufrieron una fuerte compresión tectónica que las rompió en mil fracturas. Grandes fallas recorren estas rocas, no hace falta más que observar su torturada cara norte desde el refugio Estasen, o la cara sur del Calderer desde la Tartera para darse cuenta.

Los pioneros abrieron las primeras vías en la montaña utilizando estas grandes líneas verticales de fractura (*Canal Roja, Estasen, Homedes, Riambau, Anglada/Guillamón…*) que facilitaban el ascenso.

En el Pollegó Inferior la caliza es diferente, más joven y menos arcillosa, con menos fallas y fracturas. Aunque las fallas principales también fueron escogidas para las primeras ascensiones (*Gran Diagonal, Xandri/Casanellas, Pany/Haus, Estorach, Anglada/Guillamón…*).

El otro factor importante para la escalada en el Pedraforca es la adherencia de la roca. En la cara norte de ambos picos, la combinación entre la humedad y una roca más arcillosa provoca una adherencia menor y ha complicado la apertura de itinerarios en las zonas de placa. En cambio, en la cara sur del Pollegó Inferior, formada por un gran arrecife coralino (que los escaladores más avispados seguro que han podido observar, ya que en muchos puntos de la pared aparecen las celdas de los pólipos fósiles), con un porcentaje de carbonato cálcico cercano al 100%, incluso formando cárcavas, la adherencia es muy superior.

Gracias a esta circunstancia la gran placa de la pared sur del Pollegó Inferior se ha llenado de grandes vías en las que reina la técnica de la adherencia y de las micro regletas. Esto no quiere decir que en la pared norte no haya vías de adherencia, pero solo hace falta ir a escalar la *Vía del Guarda* en la pared norte de la Dent de Cabirols o *l'Estimball* en la cara sur para apreciar la diferencia.

No querría olvidar la curiosa pared del Roget, en la base del Pollegó Inferior, una pared caliza de gran verticalidad y grandes vías, donde se utilizan sobre todo las grandes fracturas que la atraviesan para escalar. Una pared rojiza debido a la acumulación de óxido férrico en sus paredes debido precisamente a su verticalidad.

Merece la pena recordar que la montaña está dentro del Parque natural del Cadí-Moixeró, responsable de su gestión y conservación, un organismo al que hay que solicitar permiso para la apertura de nuevas vías de escalada, y que ha contribuido al conocimiento geológico del macizo con diversos paneles explicativos colocados en los miradores de la base de la montaña.

Joan CASÒLIVA I ARMENGOU
Escalador y geólogo del Parque Natural Cadí-Moixeró

EMBAJADORES DE LEATHERMAN

Galaventura:
«Estar donde queremos estar es nuestro lujo»

SON "Galaventura" en redes sociales: Alfon, Coral y su perra Gala, y llevan dos años viviendo en su furgoneta Camper y viajando por Europa. Además, desde 2021 son son embajadores oficiales de la popular marca de multiherramientas Leatherman.

Más que viajar, lo vuestro es una manera de vivir. ¿Qué experiencia os lleváis?

Coral: Es una especie de retiro minimalista. Es increíble cuando descubres lo poco que realmente se necesita para vivir y ser feliz. El "estar donde queremos estar" es nuestro lujo y poder disfrutar de nuestro tiempo juntos es inigualable.

Alfon: También nos brinda la oportunidad de redescubrirnos continuamente. La libertad que tenemos de despertarnos en un lugar diferente cada día y decidir nuestro rumbo, también se transmite a la creación de contenido (nuestro principal trabajo): los estímulos, experiencias y el constante movimiento, te hacen ser más creativo en todo.

¿Cómo combináis el seguir avanzando y el tiempo que le dedicáis a explorar cada lugar?

C: Estamos constantemente haciendo puzzles: nos basamos en la previsión meteorológica y así aprovechamos los días soleados para seguir la ruta, hacer las tareas de la vanlife (como ir al supermercado, lavandería o llenar y vaciar aguas) y coincidir los días lluviosos con el trabajo de oficina.

A: Al final, cruzar fronteras es la consecuencia de querer conocer más lugares y culturas. A veces, pasamos meses en el mismo país porque nos enamora. El viajar con Gala también "nos obliga" a pasear y, de esta manera, conocer rincones que quizás no son tan populares pero, por esta misma razón, aún los valoramos más.

Vuestros 5 imprescindibles de supervivencia vanlife

C: La palabra supervivencia ya nos lleva a una de las multiherramientas de Leatherman, la Signal. Es la que llevamos siempre en la mochila de las excursiones y, con ella pelamos la fruta, abrimos latas o incluso cortamos troncos.

A: Otros accesorios que han sido imprescindibles han sido un cubo plegable de silicona (que le damos mil y un usos diferentes), un adaptador universal de manguera, imanes de neodimio (para improvisar un tendedero y secar la ropa o crear nuestra propia sombra con un pareo) y un filtro para potabilizar agua.

En 2023 os aventurasteis a lanzar vuestras guías para viajar en camper con rutas e información útil de cada destino, como Noruega o Reino Unido e Irlanda y también de lugares específicos de España. ¿Qué se viene para 2024?

No solemos hacer muchos planes ya que el destino se encarga de deshacerlos con la misma facilidad con la que los pensamos, pero tenemos un rumbo claro y es que nos gustaría llegar al Monte Ararat en Turquía. El primer paso será cruzar el Mediterráneo hasta Italia y la ruta se irá decidiendo sobre la marcha.

¿Qué multiherramienta de Leatherman recomendaríais para una experiencia aventurera como esta?

C: Yo no me separo nunca de mi Micra: la llevo en el bolsillo con las llaves de la furgo y siempre está a mano.

A: Para poder salvar casi cualquier situación y llevar el mantenimiento de la camper, yo recomendaría la Wave+ con el kit de puntas y la carraca. En la furgoneta llevamos una gran bolsa de herramientas específicas que sólo hemos necesitado sacar una vez en los 15 meses de viaje. El resto de las averías, las hemos solucionado con la Wave que está en el cajón de la cocina.

¿Alguna situación límite en que os haya salvado una multiherramienta?

C: Gracias a la Wave+, pudimos desmontar y reparar la calefacción estacionaria en Escocia en plena ola de frío (a -15ºC).

A: La situación más límite de toda la ruta ha sido sin duda el incendio provocado por un cortocircuito que tuvimos en la isla de Værøy, en Noruega. Todo pasó muy rápido y, de estar haciendo un trabajo fotográfico, pasamos en segundos a tener fuego en la batería de la camper. Usamos el extintor y todavía seguía calentándose y burbujeando así que con la Leatherman empecé a cortar y a arrancar cables. Después, no funcionaba nada pero quizás si no hubiéramos tenido tan a mano la multiherramienta, el viaje hubiera acabado ese día.

Más sobre su aventura en
www.galaventura.com
y en Instagram: **@galaventura_**
y **@leathermanespana**

Jordi Gallardo "Punky"

«Los escaladores aquí son una raza en extinción»

Lleva los últimos 23 años de su vida viendo cómo las luces del amanecer se reflejan en la muralla norte del Pedraforca. Su labor como guarda del refugio Lluís Estasen no se limita a cocinar, limpiar, cortar leña, dar información... también asiste en rescates o incluso ejerce de psicólogo, pero todo lo que recibe a cambio le compensa porque no tiene ninguna intención de retirarse.

PAU AGUILERA

ARMAND BALLART

Arriba, durante a primera a *Thora Blava* por la norte del Pollegó Superior, que abrió con Armand Ballart en agosto de 2010. Derecha, en el refugio sirviendo comidas en 2020.

DE risa fácil e ideas firmes, Jordi Gallardo "Punky" tuvo claro desde la primera vez que visitó el refugio que aquel lugar podría perfectamente convertirse en su hogar. Desde entonces han pasado ya más de 20 años en los que ha habido un poco de todo, pero parece que la balanza se inclina hacia lo positivo. Asegura que la relación con el Parque Natural del Cadí-Moixeró es buena y lo mismo con la FEEC, propietaria de la instalación. Jordi es también bombero voluntario del GRAE, donde llegó tras su participación en múltiples operaciones de rescate, y es que vivir al pie de una montaña como el Pedraforca implica una responsabilidad.

¿Cuándo nace tu vínculo con el Pedraforca y el refugio?

Al Pedraforca llegué cuando tenía 18 años; vine a dar una vuelta en moto con un amigo que ya conocía la zona porque había escalado con Joan. Fue toda una experiencia, era invierno, con la nieve... Me acuerdo que pensé algo como "de grande me gustaría jubilarme aquí arriba" y mira, a los 30 años me salió la oportunidad. Ahora tengo ya 52 años y aquí sigo.

Al principio estuviste trabajando con Joan Martí, ¿no?

Sí, empecé ayudándole como hasta el año 2004 y después él fue viniendo cada vez menos y ya hicimos el relevo. Desde entonces me dediqué totalmente al refugio; al principio viví aquí todo el año, ahora ya solo la temporada, más o menos de Semana Santa hasta octubre, y después los fines de semana aunque no todos, solo cuando hay reservas. El resto del tiempo aprovecho para hacer vida de familia, con mi hija Bellmunt y con mi pareja Roser, que también trabaja conmigo en el refugio, y cuando está abierto convivimos aquí los tres.

¿Y cómo es criar a una hija ahí arriba?

Ahora mi hija tiene 7 años; tenemos una casa en Saldes y en la temporada estamos en el refugio. Tiene cosas bonitas, como estar en contacto tan directo con la naturaleza, pero también compaginar con la gente a veces es difícil, o llevarla al colegio a Vallcebre (cuando se nos escapa el transporte escolar), o los fines de semana cuando está nevado... Todo eso también lo vivimos.

¿Qué es lo que más te gusta de estar en el refugio?

Lo que me atrae digamos que es el "modus vivendi", la forma de vida aquí arriba. Estás al lado de la civilización pero de golpe estás fuera de ella, en medio de la montaña. Y más en un macizo como el Pedraforca, que tiene toda una historia de escalada, de vivencias... También hay situaciones difíciles en las que hay acciden-

tes, te llega alguna persona en estado de shock y tienes que saber reaccionar.

¿Crees que el que sea un refugio accesible hace que llegue gente sin la necesaria preparación o respeto por la naturaleza?

Se nota cuando viene gente que nunca ha salido a la montaña, que está en la ciudad y llega aquí con un calzado que no es apropiado, sin preparación... Algunos accidentes suelen ser por este motivo. Hubo un tiempo que había muchos accidentes, pero en los últimos tiempos ha mejorado porque cada vez hay más información. También creo que, aunque hay excepciones, la gente más o menos está concienciada con el respeto por la naturaleza. Es importante dejar un legado; si ves basura pues la recoges, aunque no sea tuya. Todos tenemos que poner nuestro grano de arena, y más cuando lo estás disfrutando.

Parece que después de la pandemia del Covid hubo un boom de gente que salía a la montaña, ¿lo notaste aquí?

Claro, cuando la gente pudo salir se escaparon todos de pronto como pudieron, salieron en desbandada, pasaban cientos de personas... Pero ahora eso ya se ha calmado, está más tranquilo. Y sobre todo en el invierno la situación es diferente, la gente sabe a lo que viene, está más preparada.

En todos estos años de refugio, ¿cuál dirías que ha sido el principal cambio?

Sin duda el clima. Yo he llegado a estar a -15ºC en el refugio, hasta se me helaba el agua dentro, y había unas condiciones increíbles para hacer escaladas invernales, cascadas de hielo... Ahora de vez en cuando hace frío pero no tiene nada que ver. Otro cambio importante ha sido cuando llegó la era del móvil, que como se está

STIVEN MOYANO

STIVEN MOYANO

Arriba, Jordi con el hijo de Lluís Estasen, pionero del macizo y en honor al cual está bautizado el refugio. A su derecha, Jordi y Roser, pareja de vida y de trabajo, disfrutando de la montaña. Pág. derecha, estampa del refugio nevado hace unos años. «Lo que más ha cambiado en estos años ha sido el clima», nos cuenta Jordi. Abajo, abriendo la vía *Esperó del refugi* (2008); con su profesor de la Bujinkan, Masaaki Hatsumi, y debajo practicando este arte marcial.

viendo trae muchos problemas. Claro que no nos queda más remedio que adecuarnos... es eso o te extingues tú solo.

Como escalador, ¿has abierto aquí alguna vía?

He abierto dos, ambas con Armand Ballart. Yo ya había hecho muchas clásicas y vi que había un espolón libre en la norte así que allí nos fuimos, en 2008, y lo bautizamos el *Esperó del refugi*; es de estilo tradicional, con los largos limpios pero con parabolts en las reuniones y también hay algún clavo que dejamos en

los pasos clave, para que la gente se anime a hacerla. Luego en 2010 hicimos la *Thora Blava*, que está también en la cara norte, arriba del todo, llega hasta la cima. En esta solo dejamos un pitón en cada reunión. Pero hace tiempo que no escalo mucho, me dediqué al Budo Taijutsu de la escuela Bujinkan...

¿Al Budo- qué?

Practico un arte marcial que se llama Budo Taijutsu. Todo empezó hacia el 2001 que vino un profesor que hacía esta modalidad y me apunté con él, me gustó y a par-

tir de entonces seguí y a Japón que me fui. De 2004 a 2019 viajé a Japón casi cada año y me quedaba algo así como un mes; luego me hice instructor e hice cursos con alumnos que venían al refugio. Ahora sigo practicando por mi cuenta, aunque ya no tan a menudo; toca ser padre. Además de la parte física, es una actividad que me aporta mucho en la parte psicológica en cuanto a que te ayuda a endurecer la mente, a afrontar situaciones difíciles, estar alerta y saber reaccionar rápido.

¿Vienen muchos escaladores al Pedraforca?

Los escaladores aquí son una raza en extinción, en concreto a la cara norte no vienen mucho. Los escaladores ahora buscan los parabolts, más la cara sur, el

ARMAND BALLART

FOTOS: COL. JORDI GALLARDO

bloque... Y en general los que vienen a la norte hacen siempre las mismas vías, parece que no hay más. Hay alguno que todavía busca aventura, pero son los menos. A veces vienen escaladores que están fuerte en deportiva que van de "sobrados" pero cuando ven lo que hay, bajan con el rabo entre las piernas. Aquí la escalada es exigente, no abundan las chapas.

¿Por qué crees que la norte ha mantenido este ambiente salvaje?

Esto es montaña, no tiene nada que ver con la cara sur, allí sí está todo "parabolizado". Aquí una vez vinieron unos que querían reequipar la vía *Homedes*, una de las más clásicas, y ya les dije que como mucho un parabolt en cada reunión. Cuando me recriminaron que si me creía que la montaña era mía ya les dije que como pusieran más, iba a ir yo a sacarlos, así que me hicieron caso.

Igual cuando empezaron a abrir vías se tuvo que regularizar, con los escaladores del Berguedá, el Parque Natural... que al final somos los que estamos aquí mirando por la montaña. Por mí ojalá que volvieran los tiempos en los que la gente venía a hacer escalada de aventura, a poner pitones, falcas de madera... pero todo esto va cambiando. Hasta que no llegue otra generación que busque eso, pues se va perdiendo inevitablemente.

¿Qué personas son las que vienen más habitualmente al refugio?

En general son caminantes o corredores que viene a hacer rutas como la *Cavalls del Vent*, la vuelta al macizo del Pedraforca... Pasan por aquí sobre todo a comer. Esto también ha cambiado mucho; antes se quedaba más gente a dormir, ahora es todo más rápido, como mucho se quedan una noche. También es verdad que antes teníamos 81 plazas para dormir y en la época del Covid redujimos a 35 plazas, que son las que seguimos manteniendo ahora. Es mucho mejor así, podemos dar un servicio más digno, mantener limpieza...

Entonces, tal y como pensaste la primera vez que llegaste al refugio, ¿te ves jubilándote aquí?

Ya te digo que sí, mientras que pueda aquí me quedo. No es solo lo que me da de comer, es que me siento a gusto viviendo aquí. // E.M.

ADRIÀ CHUECA
y su reivindicación de la aventura

El escalador y guía de montaña de la zona Adrià nos relata en este artículo su estrecho vínculo con el Pedraforca, donde se inició como alpinista, ha realizado destacadas repeticiones tanto en verano como en invierno y ha creado una decena de líneas nuevas en los últimos años. Se muestra muy crítico con algunos reequipamientos que, asegura, han desvirtuado la montaña.

En esta página, Kiku sobre las lisas placas de la cara sur, en *Terra Lliure* (225 m, 7a), abierta por Kim Santacatalina, Salva Figueras y David Graells en 2012. A la derecha, Armand Ballart durante la apertura de *Katana*, que realizó con Adrià en 2011, dejando una exigente escalada de 500 metros y 7a, con poco equipamiento, en la norte del Pollegó Superior.

FOTOS: COL. ADRIÀ CHUECA

HABLAR DEL PEDRAFORCA y de mi relación con él me lleva a unos cuantos años atrás. Me inicié en la montaña con agradables excursiones de niños, boquiabierto por semejante ambiente. No es que lo visitara mucho porque era una montaña muy respetada, y porque en mi familia paseábamos tan a gusto por el Pedraforca como por la loma de al lado de casa. Mi tío Jordi nos subió la primera vez por el Coll del Verdet de niños, y luego ya fueron incursiones más adolescentes. Aún nos interesaban más los bosques, las fuentes o las nubes, que la escalada propiamente dicha. Y esa sensación duró mucho tiempo. Las aventuras, por aquel entonces, las encontrábamos en cualquier rincón. Eran años de poca afluencia o al menos de una afluencia distinta a la de hoy en día.

Cuando escalé por primera vez en Malanyeu, con Xevi Puig, gran alpinista y padre de mi compañero de cordada durante toda la juventud, Arç, aún ni nos imaginábamos escalar algún día en las paredes del macizo de Pedraforca. Pasaron los años y nos aficionamos a la escalada. Mejor dicho, a la aventura que conlleva una escalada en alta montaña. Dedicábamos muchas horas a escalar vías deportivas compulsivamente porque no teníamos coche para subir al Pedra o donde fuera, pero pronto vimos que esto no acababa de llenarnos del todo. Cada vez nos fijábamos en más paredes, discretas para la mayoría, infames para otros... pero, al final, a nosotros nos servían para aprender y sobre todo para pasarlo bien y compartir aventuras.

Pasaron unos años y con la mayoría de edad llegaron nuestras primeras visitas autónomas al Pedra. Cada vía que escalábamos estaba llena de contratiempos... En la vía *Estasen* abrimos unos largos terribles en la parte inferior antes del Dit de Riambau, otras vías ni siquiera las encontrábamos durante toda una mañana y acabábamos tirados en el refugio, fumando un cigarrillo y murmurando mirando hacia "la nord".

Joan Martí, el GUARDA del Pedra, siempre nos decía, "si en invierno podéis moveros por esta pared, podréis visitar cualquier montaña del mundo". Éramos incapaces de repetir una vía entera sin contratiempos, y Jepes nos invitaba a visitarlo en invierno; un sinsentido.

Entender la montaña y a nosotros mismos

Poco a poco fuimos entendiendo la montaña, y poco a poco nos fuimos entendiendo entre nosotros.

Los compañeros fueron cambiando y, sobre todo, aparecieron personajes que cambiaron nuestra manera de entender la escalada y la aventura. El gran Xavi Batriu fue uno de los responsables, con él escalamos compulsivamente en invierno o en verano y conocimos los trucos de esta vertiente. Xavi fue el responsable, años después, de recuperar nuestras almas después de una expedición trágica, abriendo en el Pedra la bonita *Intensament classic*. Sin duda, estos tiempos nos marcaron para siempre y la reciente pérdida de Xavi (en febrero de 2020), nos deja un vacío de por vida. Si al-

Derecha, Adrià abriendo la cascada *Vietnamita* (60 m, 4+) en el sector Costafreda (apertura realizada con Marc Mundet y Xavi Fàbregas). Debajo, Martí Manyosa en la *Cerdà/Pokorski* invernal; y más abajo, Kiku y Willow en el L6 de la *Wolf Pirate*, Pollegó Inferior sur, durante la repetición en 2013 de esta futurista vía abierta en 1985.

por una intensa nevada pero al segundo salió bien. Pasamos una noche fría justo al final de la vía y al día siguiente simplemente nos quedaba remontar hasta el Coll del Gat con todo el macuto. Es una vía espectacular que sube por lo más mantenido del sector central del Calderer. Artificial no extremo pero sí laborioso, con posibilidades para el libre, aún con tramos pendientes por liberar. Ofrece largos muy bonitos y un magnífico ambiente de gran pared.

Invernales y otras absurdidades

Vinieron más fin de años y pasaron muchos buenos amigos. Pero la idea era clara: buscar buenas aventuras durante los meses fríos al lado de casa, y la verdad es que frío y complicaciones no nos faltaron.

Con Gemma Majó y Noel Alonso disfrutamos mucho en la Martin Mestres, una escalada interesante que realizamos un invierno anticiclónico, con una temperatura más que aceptable para esa época del año, y nieve más bien escasa pero buena, algo habitual desde hace unos cuantos años. Durante los últimos días del año siempre nos gustaba intentar alguna vía allí. Ahora hace años que para finales de año hacemos otras cosas, y también hace unos años que las condiciones son más del litoral barcelonés que de Pirineo. Y así pasamos algunos inviernos ocupados en semejantes absurdidades.

Una de las cosas que se conversan habitualmente sobre el Pedraforca y por perfiles diversos de escaladores es que si la piedra no es buena, que si la pared no es vertical, que si... Los mismos que nos embarcamos miles de kilómetros de viaje para escalar cuatro largos. Realmente la especie humana tiene cosas sorprendentes. Lo cierto es que las vías más compactas del Pedra, más verticales y con grandes posibilidades para el libre, tienen aún escasas repeticiones..

En busca de nuevas líneas

Pasaron los años y nuestras escaladas fueron cambiando. Nuestra mirada se dirigía a líneas que sorprendentemente no se habían escalado, por el motivo que fuera, pero era nuestra oportunidad. En los meses de septiembre intentaba pasar alguna semana en el refugio, ayudando con lo que fuera a los actuales guardas, Roser y Jordi, y engañando a quien pudiera para embarcarnos en alguna apertura. En septiembre de 2013, después de escalar una semana en Ordesa con varios amigos, subí con el

guien ha acariciado o pisado con el mayor cariño posible las rocas del Pedra, ese ha sido Xavi. Con él nos formamos como guías, junto con Ricard Balaguer y Cesar Casado. Y fue con él con quien compartimos más escaladas, ya que no teníamos más obligaciones que esta. Fueron años muy intensos en los que aprendimos mucho, nos titulamos y nos hicimos buenos amigos. Unos hemos seguido trabajando de guías, otros han elegido otros caminos, pero nuestros recuerdos siguen bien marcados.

Otro responsable de esta historia es Roger Cararach. Tuvimos la suerte de formarnos juntos y esto nos ha llevado a compartir trabajo, cuerda y alguna cosa más. Roger es la motivación en persona y de ahí alguna de sus escaladas en invierno en el Pedra. Alguna escalada y varios intentos fracasados. La caliza de la norte del Pedra no es fácilmente escalable con los crampones. Las condiciones de la nieve en invierno nunca eran las que esperábamos, y realmente un largo de III o IV durante la aproximación resultaba todo un reto con botas o crampones. Una de las escaladas que intentamos con Roger fue la Columna Picazo durante un fin de año. Al primer intento fracasamos

Repetición a la Wolf Pirate

EN la cara sur una vía nos tuvo intrigados durante varios años. Allá fuimos en el año 2013 con Willow y Kiku. Esto escribió Kiku en su blog de aquella aventura: «Ninguno de nosotros tenía demasiada información, aunque sobre el papel parecía una vía bastante atractiva; solo sabíamos que la había abierto un *yanki* llamado Phil Waters en una visita a nuestras montañas en el año 1984, y posteriormente había sido repetida por Kim Santacatalina hace muchos años. No sabíamos de más repeticiones y en la vía casi no encontramos huella, así que al afrontarla nos invadía una mezcla de sensaciones extrañas; por un lado una incertidumbre y respeto similar al de cuando abres una línea nueva, y por otro una cierta rabia, ya que hacía unos meses habíamos hecho un intento previo con Adrià y algunos grados no los acabamos de entender (¡¿esto son quintos?!). El hecho de ir sin la reseña original hizo que en nuestro primer intento acabáramos saliendo por la vecina vía *Ska* sin apenas darnos cuenta. Pero, sobre todo, lo que nos motivaba más eran las ganas de descubrirla (¡y cerca de casa!), esa especie de invasión de emociones que se podría resumir en la frase que solía decir el gran escalador y alpinista Pau Escalé: "Si está, hay que ir". Pues la siguiente vez sí, con la reseña original descubrimos el tesoro escondido. Resultó ser una vía muy bonita, exigente y un poco expuesta. Con roca muy buena, escalada técnica y de equilibrio. Tiene los seguros justos y en más de un lugar hará falta paciencia si se quiere ir en libre (y si no se quiere también). Para nosotros fue una escalada bastante entretenida, tardamos unas 6 o 7 horas (no somos muy lentos, pero tampoco somos rápidos)». Es en definitiva una de esas vías avanzadas a su tiempo, abierta en solitario con un estilo impecable. Una buena vía para templar nervios y recibir una buena carga de adrenalina. // **AC**

Descarga el croquis actualizado en: **https://desni.in/wolfpirate**

material y 4 pitones al refugio. Allí me encontré con Armand Ballart; nunca habíamos trepado juntos pero resultó estar interesado en esa aventura y, después de negociar un buen rato en lo que se refiere al material, salimos para arriba a la mañana siguiente. Él insistía en que yo llevaba muchos friends pesados, números 3 y 4, y que no estaba dispuesto a abandonar al refugio. Y yo, un tanto obsesionado con el tema, le decía que dejara los 3 o 4 espits que llevaba, que no hacían falta. Al final llegamos a un acuerdo y, con un peso más o menos razonable al gusto de los dos, salimos para arriba. Lo más curioso fue que, dado que el recorrido era largo y la parte inferior estaba muy clara y estudiada, entramos por otra vía y abrimos la parte superior, unos 250 m de escalada sencilla de V+. Nos pilló la lluvia, nos metimos en un medio agujero y salimos a la cumbre del Calderer más o menos satisfechos. Quedaba claro que al día siguiente no había excusa, con la lluvia y algún largo mojado, para embarcarnos ya en el tramo inferior. Salió una línea en libre más o menos interesante, y pasamos un gran día. Al cabo de una semana volvimos con Naxu y el propio Armand para hacer la primera integral de esta ruta, a la que llamamos *Katana*.

Con Jordi Castellà he vivido muchos momentos allí, y juntos nos embarcamos

Arriba, Xavi Batriu abriendo la *Pellissona*, vía de 400 m (6a/A1) al Pollegó Superior norte (en 2016, con O. Puntas y J. Santasusana). A la izquierda, croquis original de la *Wolf Pirate*. Derecha, Adrià en la primera de *Katana*.

en varias aperturas, como *Mixte de pagès, Escolopendra*... pero finalmente nos fijamos en una línea nueva que se marcaba tímidamente en el Roget. Es una pared que generalmente ofrece buena protección y hay unas cuantas vías buenas de aventura. Y allí en medio nos apeteció probar la que terminó siendo la *Estúpido hombre blanco*. En el primer intento nos plantamos en el L4 con todo el arsenal; después de apurar en libre hasta nuestros límites, bien modestos, hicimos algún paso de artificial y vimos que por allí no pasábamos. Estuvimos a punto de poner un espit, si no recuerdo mal, en 2 o 3 ocasiones, pero al final, abandonamos de nuevo el proyecto para volver más motivados. Y así fue. Al año siguiente volvimos y, con todo el trazado inferior ya conocido, llegamos más frescos al último punto y, con un poco de libre y algún gancho más, superamos este largo combinado por el momento. Ya durante la primera repetición y con algunos pitones ubicados se escaló en libre los 50 metros de placa.

Diría que la última vía de la que salimos más o menos satisfechos por encontrar un recorrido de un mínimo de calidad fue la *Caradura*. Con Marc de Vilalta y Arç Puig le dedicamos dos jornadas de julio de 2016. Itinerario a la vista de todos, en medio de la enforcadura y con largos buenos, estuvo eclipsada muchos años por las líneas vecinas, unas más cañeras cómo la *Vargas/Peña*, a base de pedal, y otras menos verticales como la *Font*.

Reequipamientos que desvirtúan la montaña

Con la última vía citada, la *Font*, vamos a abrir un debate eterno pero, bajo mi punto de vista, siempre necesario. ¿Quien decidió que esa vía de los años 40 debía ser equipada con anclajes modernos? ¿Quiénes somos para modificar itinerarios abiertos hace décadas, donde el esfuerzo y el compromiso eran los principales alicientes para una buena aventura? Porque ya hace unos años que se inventaron los buriles, los tacos y los pitones... pero durante muchos años y por motivos diversos su uso era puntual u ocasional y, por consiguiente, esas escaladas tenían siempre sabor de aventura. Poco hemos asumido equipamientos que solo desvirtúan la tarea de Maria Antònia, Civis o Estasen. Es difícil en el Pedraforca encontrar itinerarios originales

ARMAND BALLART

a su apertura. Como en casi todo el Pirineo, ha habido modificaciones, y seguramente en algún caso no es para tirarse los pelos. Pero en el caso del Pedraforca, ha sido desastroso.

Un buen día, la *Anglada/Guillamón* de la cara sur se despertó con decenas de expansiones brillantes a costa de sus dos buriles originales. Se convirtió en una ruta equipada de golpe. A nadie le importó o, al menos, no lo pareció, porque pasaron muchos años hasta que se recuperó la cuestión. El mismo Guillamón sentenció que esto era ¡una catastrofe! Pero el tipo que lo destrozó se fue a casa convencido de su gran obra. También en la vía *Estasen* se metieron cuerdas fijas y parabolts para filmar un documental sobre la primera del año 1928...Para rememorar tal hazaña se abandonaron cuerdas allí, ¡increíble! Y así podríamos ir añadiendo rutas como la *Civis/Genís, Homedes, Pany*...

Los escaladores no hemos estado a la altura, pero sobre todo ni las federaciones ni

los parques naturales implicados han gestionado nada al respecto. Este es nuestro patrimonio montañero, nos guste o no, es lo que marcó la evolución en nuestras latitudes por lo que refiere al excursionismo y a la escalada, y lo hemos dejado perder.

En el Pedra, inspirados en una regulación mas o menos ejemplar que existe en Montserrat, se creó una comisión para nuevas aperturas y reequipamientos. Se sentaron en la mesa refugios, escaladores, guías, Federación y Parque Natural. Propuestas y proyectos que quedaron en nada. No se han regulado muchos sectores lejanos injustamente prohibidos para la escalada, como la vertiente sur del Moixeró, pero se ha instalado un espectacular mirador con telesilla para los turistas... Nos hemos centrado en vender el turismo activo hasta la saciedad pero nos hemos olvidado de lo esencial: el respeto y cuidado del entorno, que ya de por sí es muy sensible.

Adrià CHUECA

Pau Herrero en la *Barrufets Exprés* durante su restauración (2023); y a la derecha, David Tallant en la apertura de *Ho Tornarem A Fer*; ambas son escaladas cinco estrellas del Pollegó Inferior, cara sur.

Abierto a la imaginación

En este texto, el local Pau Herrero condensa la historia de la montaña –muy vinculada a su propio desarrollo como escalador– , con especial detenimiento en la actividad realizada en los últimos años, en los que las distintas tendencias se han asentado y, según augura, seguirán conviviendo en armonía.

SI Montserrat es la universidad catalana de la escalada más técnica y sutil, el Pedraforca vendría a ser una facultad alpina en su sentido más amplio. Por sus paredes, aristas y cascadas de hielo han crecido la mayoría de escaladores y alpinistas catalanes, dejando su impronta de alguna u otra manera. Empezando por los pioneros más clásicos, representados por Estasen, Pany o Maria Antònia Simó; pasando por la generación de los 60 (Anglada y compañía), Barrufets, Piratas, New Wave y un largo etcétera; hasta las generaciones actuales, recuperando y liberando itinerarios olvidados, descubriendo nuevas y atrevidas rutas o abriendo cascadas y sectores de "drytooling".

Muchos somos los que nos hemos iniciado en la escalada clásica de aventura en la norte del Pedra. En sus paredes, el ángel de la guarda trabaja intensamente ante tanto escalador inexperto, navegando por terreno muchas veces indefinido, largos recorridos y roca a controlar. Yo mismo descubrí la escalada en pared en la norte del Calderer, con la experiencia tan solo de unas pocas jornadas en la antigua Fuixarda y algún tocho en Can Jorba, Montserrat. Junto a un compañero ligeramente más experimentado, nos metimos en la *Cerdà/Pokorski*, saliendo por arriba con no más incidencias que una bota precipitada desde el primer largo y alguna que otra navegación al continuar por la Anglada. Al día siguiente, después del pertinente vivac, algunas vibradas extra encabezando largos en la *Civis/Genís* cerrarían mi primer fin de semana como escalador de pared.

Mirando atrás, llevo más de 20 años visitando los diferentes rincones de la montaña con diferente constancia, siempre apasionadamente. Los inicios, como siempre, más intensos: las primeras cascadas de hielo, alguna invernal a la norte, escaladas solitarias o el "descubrimiento" de la cara Sur, pared de la que me enamoré y que, a mi entender, obsequia el mejor calcáreo de Catalunya. En el último lustro, conexiones familiares y el hecho de trasladarme a la comarca, me han permitido recuperar mi asiduidad a la montaña, repitiendo muchos de los itinerarios (especialmente en la cara sur), abriendo algunos nuevos y siendo triste testigo del fenómeno de la masifi-

cación en la montaña post Covid-19, repleta de "pseudo-influencers" y frecuentes rescates en los meses de verano.

Talante minoritario y salvaje

A pesar de esta coyuntura, extrapolable al montañismo peninsular en general, la escalada en el Pedraforca sigue manteniendo un cariz minoritario y salvaje. Con la excepción de algunos itinerarios de la cara Sur, equipados por arriba en los inicios de la escalada deportiva, la escalada en el Pedra ha seguido conservando un carácter de alta montaña, ligado a los valores de la escalada clásica. El ejemplo de los precursores se ha mantenido en la mayoría de los

PAU HERRERO

A la izquierda, Pau en el L7 de
Ho Tornarem A Fer durante una repetición,
y abajo, abriendo esta vía (con David
Tallant, en el verano de 2019). A la derecha,
Estel Parés abriendo *L'Ultim Tirabol*,
una de las últimas aperturas en el Pedraforca, en marzo de 2023, junto a
Pau Herrero; una bonita escalada de 105 m,
6a, en la sur del Fals Pollegó Inferior.

itinerarios: líneas predominantemente lógicas, aperturas desde abajo, uso intensivo
de seguros flotantes donde es posible, clavos en zonas fisuradas o expansiones
como última alternativa.

Sin embargo, la diferente estructura de
la roca según zonas y orientaciones del
macizo han condicionado estos factores,
de manera que en las paredes norte, más
fisuradas y con recorridos evidentes, pre-
dominan las líneas clásicas, el uso de clavos y la utilización mínima de expansiones, muchas veces inexistentes o relega-
das solo a reuniones. Por el contrario, las
caras Sur, por lo general mucho más compactas, imponen una escalada más técnica
y moderna, dificultando el uso de seguros
limpios o clavos e imponiendo más a menudo la expansión como única alternativa
de protección, muchas veces colocadas en
adherencias y equilibrios precarios.

Con el permiso de señaladas excepciones, fue precisamente en la cara Sur donde se concentró el grueso de actividad
aperturista en los inicios de los años 90.
Influidos por la pujante escalada deportiva, escaladores como F. Panyella, J. Boter,
Luichy o X. Buxó equiparon, mayormen-
te desde arriba, vías pensadas para el libre
moderno. De este modo surgieron rutas
como la *Vía del David* o *Somni de Pedra*,
así como algunas abiertas desde abajo, a
destacar la repetida *Camí del Tró*.

Nuevo milenio: vuelven las aperturas desde abajo

La entrada del nuevo milenio rescató el
protagonismo de las aperturas desde
abajo, inicialmente de manera más tími-
da, se acabaría imponiendo totalmente.
Curtidos escaladores como Jordi Camprubí y algunos Barrufets recuperan ritmo en paredes como el Roget o en la cara
Norte, donde sobresale su larga *Barrufets*, con 1065 metros de recorrido. Men-
ción especial merece Armand Ballart,
personaje íntimamente ligado a la historia de la escalada en el macizo quien, con
unas veinticinco primeras, no ha afloja-
do su actividad exploratoria por las líneas más lógicas. En estos últimos años, ha
destacado por la apertura de largos recorridos en la vertiente norte más occiden-

tal, tales como: *Triple Directa*, *Joan Martí*, *Nordmagnum* o *Katana*.

En la última década, nuevas figuras aparecen en el escenario. Jóvenes escaladores
locales, capitaneados por Adrià Chueca,
recorren muchas de las pocas líneas lógicas pendientes, siempre en un estilo com-
prometido y sin expansiones. Así, surgen
recorridos tan sugerentes como *HomoPe-
draforquinus*, *Estúpido Hombre Blanco* o
Caradura. El tristemente desaparecido
Xavi Batriu, apreciado en Berguedà, recorre también junto a J. Riera, O. Puntas
(entre otros) diversos satélites del macizo,
así como la vertiente sur del Calderer o la
Grallera, con la vía *Pellissona*.

La actividad aperturista sigue todavía en
la cara Sur, donde M. Cuesta inaugura dos
exitosos itinerarios, *Passenger* y *Veintege-
narios*, de generoso equipamiento y abor-
dable dificultad. En el mismo decorado,
Quim Santacatalina y compañeros aprove-
chan antiguos intentos y tramos de otras
vías para abrir tres rutas, con *Terra Lliure*
como la más exitosa. La pared principal ve
también aparecer un nuevo itinerario con
Ho Tornarem A Fer, que se atreve por los lisos espacios existentes con escalada obli-

gada y un largo recorrido de 400 m. Y no
faltan otros de menor o mayor envergadu-
ra como *L'ultim tirabolt*, en la sur del Fals
Pollegó Inferior, abierto en marzo de 2023,
o *Criteris Arbitraris*, el último añadido en
el Pollegó Inferior, en noviembre de 2023.

El goteo de nuevas ascensiones, aunque
constante, se ha visto ralentizado en últimos años, evidenciando que para la aper-

tura de nuevos itinerarios (actualmente re-
gulada) hace falta afinar muy bien el ojo y
estilo. A pesar de ello, muchos son los que
han contribuido recientemente a agrandar
el listado de vías existente y que, por razones de espacio, no aparecen en este texto.

Terreno privilegiado de aprendizaje

Hace ya décadas que el Pedraforca se convirtió en un terreno privilegiado de
aprendizaje y progresión en la escalada y
alpinismo en sus distintas facetas. La di-
versidad del macizo, así como su rica tra-
dición histórica, han facilitado que en sus
paredes convivan sin conflicto diferentes
estilos y maneras de entender la escalada.
Actualmente, la evolución del deporte ha
permitido que rutas antes difíciles o temi-
das se repitan asiduamente y se convier-
tan en nuevas clásicas de dificultad. Más
allá de nuevas ascensiones, el futuro probablemente irá también ligado a rutas
pendientes de liberar, encadenamientos
en diferentes vertientes o todo aquello
que la imaginación de los más creativos
sea capaz de proyectar.

Pau HERRERO

POLLEGÓ SUPERIOR
Vertiente norte

El collet
de la Cova
2388

El Calderer
2505

Cabirols
Inferior
2247

El Gat
2306

Canal del
Riambau

Dent dels
Cabirols
2105

Ag. Gopal-ji
1995

PEDRAFORCA DE NORTE A SUR

25 VÍAS PARA TODOS LOS GUSTOS

El contraste entre las grandes placas de la cara sur y la más alpina muralla norte, además de la larga historia de la escalada plasmada en sus paredes, hace que el Pedraforca ofrezca vías para todo el año y todos los públicos, siempre teniendo en cuenta sus exigentes aproximaciones y descensos.

Aquí ofrecemos una selección variada, con algunas de sus rutas clásicas imprescindibles junto a otros recorridos de corte moderno para escalar en libre, con especial atención a los más recientes.

ACTUALMENTE el Pedraforca, cuya cumbre principal está a 2506 m, cuenta con aproximadamente 220 rutas repartidas entre las distintas vertientes y contrafuertes que forman el macizo. Sin embargo, las escasas cordadas que lo visitan suelen recorrer siempre las mismas vías. Para este especial hemos acudido a escaladores locales, grandes conocedores de la zona, pidiéndoles la difícil tarea de escoger sus vías más recomendables, de distintos estilos. La limitación de espacio nos ha obligado a reducir la lista inicial de seleccionadas, si bien la muestra que ofrecemos es representativa de la variedad y calidad que brinda la montaña. A esta recomendación se unirían la *Columna Picazo* y la *Wolf Pirate*, que abordamos en otros apartados de la revista.

Clasificación por colores

Para facilitar la elección a simple vista, hemos clasificado las vías seleccionadas en tres grupos (marcados con la numeración en verde, naranja y rojo):

● **11 clásicas imprescindibles:** como su nombre indica, son las clásicas por excelencia, algunas de las primeras aperturas realizadas en las paredes por los lugares más lógicos, que

Pic Superior
2506

Cim Nord
2438

Canal
Roja

Cueva de
la Grallera

JOAN MIQUEL DALMAU

Mejor época

Tanto para la cara norte como para la sur, dada su altitud, la mejor época para escalar es el verano, si bien se puede ampliar de la primavera al otoño. Además, en el invierno podremos disfrutar de sus corredores y cascadas, siempre que haya condiciones. Es decir, ofrece posibilidades prácticamente todo el año, si bien no hay que olvidar que estamos en terreno de montaña, por encima de los dos mil metros, con lo que esto conlleva de cambios de temperatura repentinos. Revisar siempre la predicción meteorológica es fundamental. Sus conocidas fuertes tormentas suelen ser más habituales por las tardes. Incluso en pleno verano conviene llevar ropa de abrigo.

Escalada y recomendaciones

El terreno alpino de la cara norte exige un compromiso más allá del grado, el cual puede llevar a subestimar la dificultad real de la escalada. Atención a los embarques, terreno descompuesto o dificultad de abandonar ciertas rutas. Una vez más: estamos en una montaña a gran escala. Incluso para los itinerarios más equipados de la cara sur, hay que prever jornadas largas y asegurarnos de llegar a la cumbre con energías suficientes para el descenso. La abundancia de canales y pedreras, además de los rebecos que habitan en la montaña, hace que el casco sea imprescindible en todas las escaladas.

Regulaciones

El Pedraforca es un Paraje Natural de Interés Nacional, inscrito en el Parque Natural Cadí-Moixeró, con su consiguiente protección y regulación. No se permite hacer fuego ni tampoco acampar. Máximo respeto a la fauna y la flora. No se pueden abrir nuevas vías sin permiso previo del parque. Información: pncadimoixero@gencat.cat

Bibliografía

• *Pedraforca, guía de escaladas.* Joan Miquel Dalmau. Ed. Serre, 2014.
• *Pedraforca*, revista monográfica del GAME nº 18 (2011).
• *Pedraforca, cara sur.* Xavi Buxó y Luis Alfonso. Ed. Supercrack, 2005.
• *Serra del Cadí- Pedraforca.* Mapa excursionista 1:25.000. Coedición Alpina-Geoestel, 2023.

MURALLA NORTE

Aproximaciones

• **Dent dels Cabirols:** coger el camino transversal que sale desde el refugio dirección a la Enforcadura y, justo antes de cruzar una pedrera, subir por su margen derecho entre el bosque. Cuando terminan los pinos, la pedregosa cuesta lleva en unos 40 min al pie de la pared.

• **Calderer, pared norte:** se inicia desde el refugio por el bosque en diagonal derecha ascendente, hasta encontrar un primer torrente seco. Tras

atravesarlo, el sendero remonta la fuerte pendiente (señales blancas) hasta un resalte que se sortea por la izquierda y aparecen las pintadas *Pany* y *Estasen* (45 min).

Para acceder a la cornisa del sector central hay que trepar el primer largo de la *Pany* y desviarse a la derecha por una diagonal ascendente hacia unos pinos aislados donde empieza la travesía. En la evidente cornisa habrá que montar un corto rápel (15 m) para continuar por unos cables hasta el pie del *Gran Diedre* y de la *Cerdà/Pokorski*, la vira cada vez más estrecha y aérea termina bruscamente al pie de la *Anglada/Robins*.

Si cogemos desde la pintada hacia la *Estasen*, atravesaremos la falda de la muralla hacia el oeste hasta otra enorme canal que lleva directamente a la base de la gran pirámide característica. Siguiendo por un sendero poco marcado hacia la derecha, llegamos al pie de un diedro muy marcado que habrá que trepar para seguir flanqueando hasta la aguja del *Dit del Riambau* (1 h). Desde su collado arranca la vía *Estasen* y por la cornisa descendente entraremos en la *Canal de Riambau*.

• **Pollegó inferior, cara norte:** hay que salvar la enorme tartera principal y para ello recomendar su ascenso por el margen izquierdo a tocar la pared; 1,20 h desde el refugio.

---

siguen conservando su carácter. Cualquier "diplomado en el Pedra" ha de tenerlas en su libreta. Selección y comentarios realizados por Armand Ballart, testigo y partícipe de la evolución de la montaña desde los años 70, que sigue plenamente activo.

Otras **14 vías** que hoy se pueden recorrer en libre moderno, englobando tanto aperturas antiguas que se han repensado para forzar en libre, como itinerarios avanzados a su tiempo o rutas de apertura más reciente, probablemente desconocidas por algunos lectores. Selección y comentarios a cargo de Pau Herrero, aperturista y habitual del Pedra en especial en la última década. **Estas vías se han clasificado a su vez en dos grupos en función de su compromiso y nivel de obligatoriedad en libre:**

• **7 vías recomendables** con un nivel no extremo, aptas para un público más amplio.

• **7 vías duras,** para las que necesitaremos ir más curtidos de grado y de cabeza.

Acceso

El macizo de Pedraforca está ubicado en la comarca del Berguedà, siendo Gósol y Saldes las poblaciones más cercanas.

Dormir

Refugio Lluís Estasen, situado en la Jaça dels Prats, a 1675 m de altitud, al pie de la muralla norte (GPS: 42°14'43.3"N 1°42'58.5"E). Cuenta con 35 plazas y servicio de comidas. Información y reservas: www.refugipedraforca.com y tel 608 31 53 12. También hay camping y alojamientos variados por la zona.

STIVEN MOYANO

El refugio Lluís Estasen ofrece todas las comodidades y, ubicado a unos 6 km de Saldes, tiene fácil acceso desde la carretera que sube de esta localidad al mirador de Gresolet.

LA DENT DELS CABIROLS

FOTOS: JOAN MIQUEL DALMAU

CABIROLS SUPERIOR

Descensos

• **De la Dent dels Cabirols** y justo a la salida de la *Civis/Genís* se monta un rápel corto por la única canal existente (cuerda fija), descendiendo posteriormente por el bosque hasta encontrar el camino que lleva al refugio en poco más de media hora.

• **Para bajar de la vía *Homedes*** desde el Collet del Gat, se desciende a pie hasta encontrar la tartera principal y el sendero que lleva al refugio (1 h). Desde la cima del Gat hay que montar, además, un rápel de 25 m hasta el collado.

• **De la salida de la vía *Pany*** (Collet de la Cova) se puede bajar andando siguiendo unas pintadas de color naranja hacia el Collet del Gat (algún destrepe), y luego seguir como el anterior. De lo contrario hay que proseguir hasta la cima del Calderer para bajar por la vía normal (una alternativa que puede resultar larga y fatigosa). Destacar que la mayoría de los itinerarios del sector central finalizan por la vía *Pany*, por lo que hay que contar con un buen tramo adicional (IIº/IIIº) hasta el Collet de la Cova. Calcular 1,30 h hasta el refugio.

• **Del sector de la vía *Estasen*** es conveniente llegar a la cima del Calderer, descender por la frecuentada vía normal hacia la Enforcadura, y bajar por la pedrera principal hasta el camino transversal del refugio (1,30 h).

• **Del Pollegó Inferior** podemos descender a pie hacia el este por las "Costes d'en Dou" (pintadas verdes) llegando al final de la tartera, o bien desde la cima hacia el oeste montando un rápel de 40 metros hasta una marcada brecha, y destrepar después por el norte dirección a la Enforcadura. Así podemos volver al pie de vía, pero de nuevo tendremos que enfrentarnos con la tartera, y esta vez de bajada. Calcular 1,30 h hasta el refugio.

LAS VÍAS

LA DENT DELS CABIROLS
1. Civis/Genís
(150 m, V)
1ª ascensión: 7-VII-1968 por E. Civis y G. Roca.
Inicio en un pino característico que sirve para despegarse del suelo y flanquear a la derecha para alcanzar un corto diedro hasta la R1. Llevar fisureros y friends, encontraremos las reuniones montadas y los clavos necesarios en pasajes claves.

2. Vía del Guarda
(120 m, 6b, A1/V obl).
1ª ascensión: 23-VI-1976 por Joan Martí en solitario.

Primer largo en común con la vía Cerdà/Albert, para proseguir por fisura a la izquierda muy resbaladiza (6a+ o A1/V) que termina con una brusca travesía (hacia la izquierda) hasta llegar a la reunión. El siguiente largo es el más espectacular. Llevar cintas largas y los fisureros o Aliens.

EL GAT
3. Homedes
(370 m, IV+/A0).
1ª asc: 8-IX-1935 por F. Homedes, R. Albareda y B. Boixeda.
La gran clásica por excelencia por su sugestivo y bello recorrido. Roca buena en general salvo en las repisas y tramos fáci-

Image 1 labels: Pany, 25m, III, IV+, V, V, IV+, IV, III, IV+, III, IV+, IV, IV, III, III, III, IV, IV+, I/II, III, III+, IV, Ritual Extrem, Sánchez/Gall, Lalueza-Horrillo, IV/IV+, IV/IV+, IV/IV+, IV/IV+, V, IV, 6a, V+, V+, V, V, IV/IV+, IV+, IV, V/V+, IV, Rápel obsoleto, III, V-, V, III+, IV+, IV, V-, III+, 6a, Variantes, 35m, 50m, 25m, 4, 5, CALDERER

Image 2 labels: Pany, 30m, Pany, Cornisa, V, 35m, 6c+, 6c, 6c, IV, 35m, Córnisa, 6, Columna Picazzo, CALDERER, III, 45m, IV, 45m, IV/IV+, 50m, IV, III, IV+, 40m, IV, 35m, IV+, V, 25m, [6c], A1/A0, 25m, V, V+/6a, 7, PIRÁMIDE, Carmeta, 6

les. Se trata de una ascensión de III+/ IVº de media, en cuyo primer tercio encontraremos los pasajes más exigentes.

Llevar algo a discreción; la vía está semiequipada con clavos y algún parabolt en reuniones. Atención a la caída de piedras si hay gente por delante, y a no extraviarse por el gran diedro de la izquierda a la altura del tercer largo. Es una vía muy frecuentada.

CALDERER
4. Gran Diedre
(300 m, V).
1ª ascensión: 7-VII-1957 por J. M. Anglada y F. Guillamón.
La vía más repetida después de la *Homedes*. Magnífica ascensión prácticamente equipada que ofrece unos atléticos y bellos pasajes de diedro en roca muy buena pero pulida en general. Reuniones equipadas para rapelar (parabolts) con posibilidad de retirada por la cornisa previa trepada del rápel (15 m, III+). Llevar fisureros y friend.

5. Cerdà/Vergés
(150 m, V+)
con salida por la
Cerdà/Pokorski
(180 m, 6a)
*1ª ascensión: 24-VI-1966 por J. Cerdà y D. Vergés en 1966 la primera y J. Cerdà y H. Po-*korski en 1959 la segunda. La primera es una interesante ruta de entrada al sector central, situada en lo alto de la gran canal de acceso a la izquierda de la pirámide característica. Trazado sinuoso y prácticamente equipado que con el tiempo se ha enderezado por el evidente diedro que evita el corto rápel original.

Seguir luego por la *Cerdà/Pokorski* es la mejor alternativa para disfrutar del sector central por una seductora línea de fisuras exteriores. Escalada semiequipada en los pasajes claves (parabolts).

Llevar fisureros y friends hasta nº3.

6. Anglada/Robbins
(250 m, 6c+, 6a+ obl).
1ª ascensión: 25-V-1966 por J. M. Anglada y R. Robbins.
Ruta antaño mítica, con dos exigentes largos en los que se combinan pasos lisos de chimenea-offwith con secciones de empotramientos más técnicos y diedro. Equipamiento un tanto rústico. Ataque por la *Cerdà/Vergés*, flanqueando unos metros hasta el final de la cornisa transversal. Salida por la *Pany* o por la *Anglada/Guillamon* (+250 m). Roca muy buena por lo general.

Llevar friends 0,3 al 4. Opcional repetir grandes y un nº 5 o 6 para reducir obligatoriedad.

7. Directa Anglada/Guillamón
(500 m, V+/A1).
1ª ascensión: 12-VII-1958 por J. M. Anglada y F. Guillamón.
Célebre itinerario del cual destacan sus elegantes primeros 200 m por sendas fisuras y diedros de todas las proporciones, ante una segunda parte más fatigosa que lleva a la cima, menos frecuentada dado el cómodo escape por una gran cornisa a la canal de la vía *Pany*. Ataque a la izquierda del vértice de la gran pirámide característica (pitones visibles), después de trepar unos 60 m. de IIº/IIIº por el sitio más evidente. Recorrido bastante

△ **EL CALDERER**

II
50m
III
V+   IV
40m   Canal
6a
45m   II
6b   III (1 paso de IV)
30m
V   III
50m   Clavos
6c   ▲ Aguja
            Xevi Puig
45m   Rampas
6b   I/II
III   EL JARDÍ
40m
IV   IV
35m
6c+   Travesía
30m   Clavos
6b   III Clavos
25m   IV
6c+   II
40m   III Árbol
6a   II
35m   EL DIT IV
IV   ⑨
⑧

Pany/Ferrera
Katana
Nordmagnum
Martin/Mestres
Pany/Ferrera
Turisme Tecnologic
Nordmagnum
Joan Martí
Llopis/Vilaret

ARMAND BALLART

equipado con hierros y tacos de la época en el que serán útiles los fisureros, cordinos, cintas largas y friends hasta nº3.

8. Integral Katana
con salida por la Nordmagnum
(500 m, 6c+, 6b+ obl).
1ª ascensión: A. Ballart y A. Chueca en 2011 (Katana) y A. Ballart y P. Tomé en 2007 (Nordmagnum).
La combinación de estas dos vías nos ofrece quizás el recorrido en libre más mantenido de la cara Norte del Calderer. Combina los seis primeros largos de *Katana*, espectaculares y sin expansiones, para enlazar mediante la repisa de la *Pany-Ferrera* con la segunda parte de *Nordmagnum*, bonita, poco equipada y continua para ser la

norte. Llevar friends 0,2 al 3 y empotradores.

9. Estasen
(600 m, IV+)
1ª ascensión: 30-VI-1928 por Ll. Estasen, J. Rovira, J. Puntes y J. Vila.
Una romántica cita con la pared con mayor interés histórico que estético. El primer tercio, con varios largos de IIIº y pasos de IVº, es la parte más bella de la ascensión que parte desde el collado del Dit del Riambau todo derecho, hasta el punto estratégico donde una aérea travesía hacia la izquierda conduce al denominado jardín de la Estasen. A partir de aquí la dificultad disminuye radicalmente, pero la fatiga aumenta hasta llegar al hombro característico donde el ambiente se

AGUSTÍ CASTELVÍ

25m
V+
25m
V
25m
V
40m
6c
II 15m
40m
V
25m
6b
10

POLLEGÓ INFERIOR Norte

Solstici d'estiu
11

FOTOS: JOAN MIQUEL DALMAU

50m
6c
50m
50m
III
6c
15m
IV
45m
Gendarme
IV-
20m
IV+
60m
IV+
45m
IV+
6b+
IV+ 35m
III
50m
V
ROTO 45m
IV
6c
20m
10
6b+
III+
45m
IV
45m
IV
45m
IV
Chimenea
IV+
6c+
IV
6b+
Treparriscos
10
V 12
II
13
45m
II
6a+
11

Vte. César/Rivas

Sánchez García

Vargas/Peña

POLLEGÓ INFERIOR Norte

EDIU SALLENT

A la izquierda, Quim Bretcha durante la apertura de *Solstici d'estiu*. Página izquierda, arriba, Pep Vila en una repetición de la vía *Nordmagnum*; y debajo, escalador en la característica travesía de la gran clásica *Estasen*.

acentúa con buenas perspectivas de la Grallera y la Canal de Riambau. El último tercio es toda una batalla por canales interminables de IIº/IIIº hasta las gradas finales. Llevar fisureros, comida y bebida. Toda una ascensión.

POLLEGÓ INFERIOR, norte
10. Treparriscos
(225 m, 6c, 6b obl)
1ª ascensión: 6-VIII-2019 por L. Manzaneda.

Ruta abierta en solitario y sin expansiones, a pesar que usa reuniones de otras vías en R2, R3 y R7. Primer largo duro y espectacular L4, donde aprovecha un tramo de la vecina *Solstici* para desviarse a izquierdas en busca de un marcado diedro-fisura. Puede ser difícil de seguir en la zona superior por su sinuosidad y nulo equipamiento. Llevar friends 0,2 al 3 (repetir 0,75-2) y fisureros. Cam nº 4 opcional.

11. Solstici d'estiu
(250 m, 6c, 6a obl)
1ª ascensión: 23-VI-2008 por Edu Sallent y Quim Bretcha. Resigue un evidente sistema de fisuras y diedros variados y directos. Bonita y agradable, se ha convertido ya en una nueva clásica moderna. A pesar de estar bastante equipada en los

tramos más difíciles con espits y clavos, será necesario complementar con un buen juego de friends (hasta el nº 4) y empotradores. Prever muchas cintas exprés (18) para el último largo, un buen fin de fiesta.

12. Font
(170 m, V)
1ª ascensión: 24-VI-1944 por J. Font, A. Molina y O. Torró. El itinerario más clásico de esta pared, con un recorrido elegante y no tan fácil como insinúan las guías. De entrada hay que atravesar por una estrecha vira descendente hasta el pie de la fisura en cuestión, empotrarse en ella, y seguir por dentro hasta poder salir de nuevo al exterior. Más arriba, un tramo muy vertical obliga de nuevo a emplearnos a fondo, hasta que el

Pollegó
Inferior

Pollegó
Superior

El Calderer

El collet de
la Cova

Cabirols
Superior

El Gat

COSTES D'EN DOU

CARA SUR

Feixa alta

Contrafuerte
de la muralla sur

EL ROGET

Al refugio

terreno definitivamente mengua en dificultad y aparece más escalonado hasta alcanzar por la izquierda el canto de la pared. Llevar fisureros y friends.

13. Caradura

(220 m, 6c+, 6b obl)
1ª ascensión: 8 al 10-VII-2016 por M. de Vilalta, A. Puig y A. Chueca.
Ruta de calidad, difícil y sin expansiones. Línea muy evidente que sorprendentemente quedaba sin abrir. Recorre fisuras, bavaresas y diedros, con excepción del largo 3, más perdedor, donde hay que afinar y escalar oblicuando a izquierdas en busca de unos pocos pitones. Tiradas largas que nos pedirán material.

Llevar 2 juegos de friends 0,2 al 4 y empotradores. Opcional 2 pitones.

MURALLA SUR

Aproximaciones

• **Pollegó Inferior:** la aproximación más frecuente hacia la cara sur se realiza por el norte

desde el refugio Lluís Estasen. Siguiendo el camino principal que conduce a la Enforcadura, llegaremos a la gran pedrera (tartera) donde un gran bloque característico representa el inicio de la pronunciada cuesta con señales verdes y luego azules, que lleva a la cresta E del Pollegó Inferior o "Costes d'en Dou". Una vez en la misma, habrá que seguir ascendiendo pasando por una marcada brecha y al poco rato desviarnos por terreno evidente hacia la falda de la pared. Calcular aproximadamente 1,15 h desde el refugio.

Para acceder directamente desde el pueblo de Saldes, será necesario tomar la carretera que va hacia el mirador del Pedraforca y, pasados dos giros muy pronunciados, desviarse por la segunda pista que aparece a mano izquierda. Se trata de una pista mediocre que conduce a las abandonadas minas a cielo abierto, que al poco rato se bifurca y hay que coger hacia la derecha hasta llegar a un monolito que simboliza el desastre ecológico. Dejar el vehículo y to-

En una de las primeras repeticiones a la vía de *l'Estimball*, a principios de los años ochenta.

mar dirección a la pared por el lecho del "Torrent del Ninot" (hitos). La subida, entre suave y muy pronunciada, lleva al bucólico "Prat de Reo" (fuente) y desde éste, improvisando por cuestas en tendencia a la derecha, llegaremos al pie de la cara sur en poco más de 1,30 h.

• **Roget:** para ir al Roget, seguir el recorrido anterior y desde el "Torrent del Ninot" alcanzaremos la base del Roget en poco más de 25 min.

Descensos

• **Pollegó Inferior:** al terminar cualquiera de las vías largas, lo normal será dirigirse hacia el E para alcanzar las "Costes d'en Dou" y volver hacia el refugio Estasen por el camino de aproximación (1,15 h).

Se puede bajar en rápeles por las vías *Pany & Company*, *Star Mc Hara* o *El Camí del Tro*, de lo contrario habrá que remontar hasta el final de la vía *Pany/Haus* y con tendencia hacia la derecha alcanzar las "Costes d'en Dou" para bajar caminando. Desde la gran fei-

JAUME ALTADILL

POLLEGÓ
INFERIOR
Cara sur

II
V
Diedro
IV/V
V
V+
Chimenea
V+/6a
6a
III
IV
V
IV+
V
II
V+
II
V+
A1
[6c]
6a+
30m
Ae
[7b+]
V+/6a
V+
V
IV+
II
IV
V
V+
[6c]
6a
A1
V+
V
Ae
Ae
V+
[6b+]
V
Ae
IV+
A1
[6b]
V
IV+
6b
IV+
V+/A0
III
6a
IV
A1
6a
V
V
V
V

CORNISA
Somni de Pedra
GRAN DIAGONAL
Jordi Verdaguer
FEIXA ALTA

(14)
(15)

POLLEGÓ
INFERIOR
Cara sur

45m
7b+
IV
(16)
IV
25m
V
(17)
45m
II
V
IV
V+
35m
Ae
7b
V+
35m
6a+
6c
30m
6c
7a
30m
6b+
6b
50m
6a
6b
6a
45m
6a
6a+
(17)
30m
V+
45m
6a
(16)

---

xa de la vía de *l'Estimball* también podemos retirarnos hacia ambos lados. Por la izquierda encontraremos la Gran Diagonal que nos llevará al pie de vía (algún tramo equipado con cables), y por la derecha nos encontraremos con una aérea travesía (parabolts) que nos conducirá a la salida de la vía *Pany/Haus*.

Desde la cumbre del Pollegó Inferior podemos bajar hacia el E por las "Costes d'en Dou" (señales verdes), o bien por la brecha W mediante un rápel de 40 m y un corto destrepe por la vertiente N hasta alcanzar la Enforcadura y la bajada principal por la tartera (1,30 h).

• **Roget:** el descenso del Roget se realiza por detrás de la pared, destrepando por un punto estratégico pulido por el paso de los rebecos, que hay que intuir para bajar al torrente posterior. Descender después hasta el torrente principal y de nuevo al camino de acceso (35 min). De algunos itinerarios como la vía *Prima* se puede bajar rapelando.

LAS VÍAS

POLLEGÓ INFERIOR, sur
14. Vía de Tots
(415 m, 6b/Ae, V+ obl)
1ª ascensión: 12-VII-1981 por X. Ortega, M. Rosell, J. Ch.

Peña, J. C. Serrano, F. García, F. Bascuñana y "Gastón".
El itinerario más largo de la cara sur y el que ofrece una mayor variedad de pasajes. El L5 presenta un original tramo progresando entre dos profundos canalizos, único en toda la pared. Vía prácticamente equipada con clavos y parabolts, donde serán útiles los fisureros y los friends hasta nº 2,5. Reequipada en 2003 por la comisión de la FEEC.

15. Vía de l'Estimball
(370 m, 7b+, 6a/Ae obl)
1ª ascensión: 31-V-1979 por J. Martí, J. C. Griso, A. Ballart y M. Arcarons.

Vía clásica de la cara sur por su gran belleza, variedad y elegante trazado que aprovecha lo más llamativo del corazón de la muralla. Roca pulida sobre todo al inicio y en algún punto en especial. Muchos se escapan por la gran feixa renunciando a los tres últimos largos que sin duda alguna completan el festival. Parcialmente reequipada. Llevar fisureros y friends hasta nº2,5 (y algún gancho si se hace en artificial).

16. Ho Tornarem A Fer
(415 m 7b+/Ae, 6b+ obl)
1ª ascensión: junio de 2019 por D. Tallant y P. Herrero.

Vía moderna que encuentra su espacio entre las clásicas del triángulo invertido de la Sur. Muy bella, de roca perfecta y largo recorrido, nos forzará a escalar en todos los largos. Muchas cordadas abandonan antes de la última tirada, muy bonita y la más obligada. Primer largo de canalizos que sorprende a más de uno. Llevar juego de friends del 0,2 al 2 y empotradores.

17. Barrufets Exprés
(300 m, 7a, 6b obl)
1ª ascensión: 16-V-1981 por M. Lusilla, P. Roca, X. P. Gil, R. Brescó, J. Camprubí y A. Gómez.

FOTOS: JOAN MIQUEL DALMAU

Vía clásica combinada que, eclipsada por sus vecinas, no obtuvo demasiado éxito. Recientemente restaurada y saneada, permite una escalada íntegramente en libre sin uso de pitones. Ofrece un recorrido evidente, con buena roca, equipamiento justo y en un grado relativamente "moderado". Destacar el quinto largo, con una sección más obligada en el estilo propuesto. Llevar friends del 0,2 al 3.

18. Terra Lliure
(225 m,7a, 6b obl)
1ª ascensión: Q. Santacatalina, S. Figueras y D. Graells, agosto de 2012.

Recorrido acertado que aprovecha un antiguo proyecto, presentando dos tramos comunes con Esperó Barrufets y cruzándose dos veces con la vía del Heretge en el largo 5, punto donde es posible confundirse. Resulta en una muy bonita escalada con un número comedido de expansiones dentro de una exposición y grado obligados moderados. Aprieta pero no ahoga. Llevar juego de friends del 0,2 al 3 y empotradores.

19. Heretge
(290 m. 7b+)
Equipada por: LL. Varela, T. Valés, M. Nieto y Ll. Estrader en 1988.

Muy buena vía, puntera en el momento de su equipamiento. Abierta por abajo en los dos primeros largos y terminada equipando desde arriba. Se

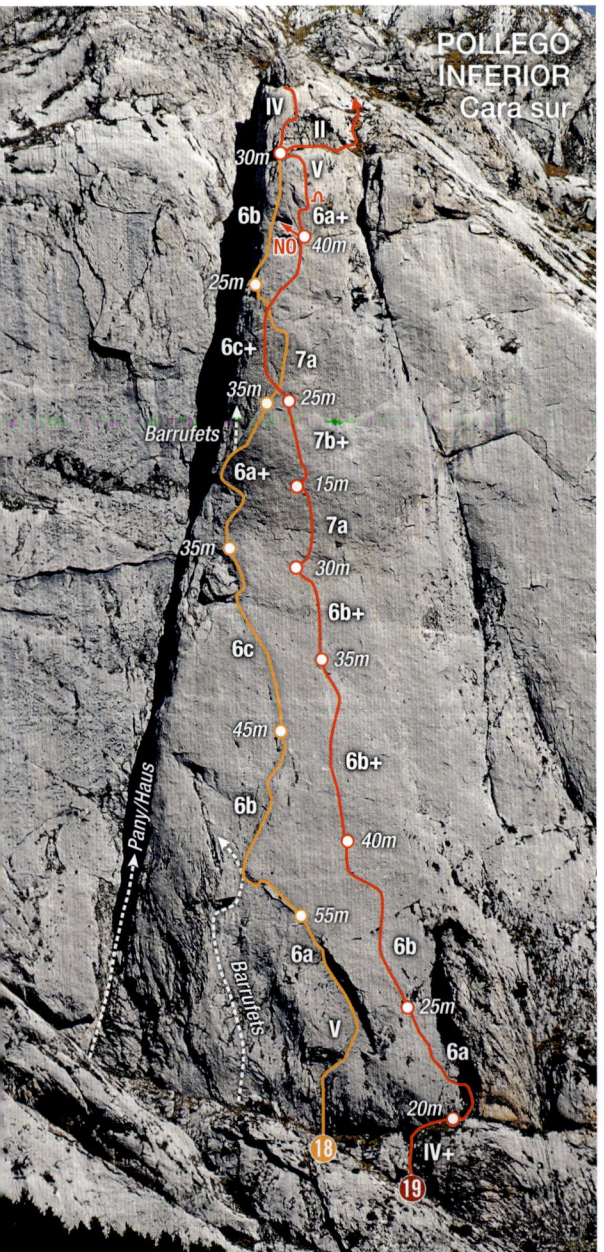

POLLEGÓ
INFERIOR
Cara sur

POLLEGÓ
INFERIOR
Cara sur

FOTOS: JOAN MIQUEL DALMAU

traduce en dos primeros largos con seguros distantes (en especial L2) y una zona superior más equipada aunque obligada, de grado apretado y con algunos chapajes "antipáticos". Sigue un trazado de calidad y sostenido sobre roca perfecta. Atención en el séptimo largo donde los seguros alejan y la vecina *Terra Lliure* la cruza dos veces, pudiéndonos llegar a confundir. En cuanto al material, resulta útil llevar un semáforo de Aliens y un gancho y pedal si no hacemos el largo de 7b+ en libre.

20. Camí del Tro
(150 m. MD+)
1ª ascensión: 28-VIII-1993 por F. Suñol y F. Pañella.

Escalada atractiva y disfrutona, que acierta en todo momento las buenas posibilidades del sector con una dificultad máxima de V+. Llevar 16 cintas y los fisureros (opcionales). Equipada para rapelar. Muy solicitada los fines de semana.

21. Criteris Arbitraris
(225 m 6b+, 6b obl)
1ª ascensión: R. Canals y P. Herrero el 13-11-2023.

Probablemente es la última vía abierta en el macizo. Explota inteligentemente el espacio disponible con un trazado independiente y de calidad. A excepción de tercer largo, que es de pura transición, las tiradas son largas, están semiequipadas y transcurren sobre buena roca. Último largo el más obligado y bonito con diferencia. Reunión final en repisa a derechas, no confundirse y no seguir por la vecina *Passenger*. Llevar friends 0,2 al 2 (repetir medianos) y empotradores.

POLLEGÓ
INFERIOR
Cara sur

35m
IV+
30m
6a
30m
6a+
35m
6b+
40m
V+
22

22. Veintegenarios

(170 m, 6b+, 6a obl)
1ª ascensión: M. Cuesta, J. Bermudo y J. Lazo en octubre 2015.
Bonita y rápida ruta relativamente variada, con placa, canalizos, diedro y más placa. Su generoso equipamiento, calidad de la roca y moderadas dificultades la han convertido en una de las más recorridas de la vertiente. Inicio por una fisura bajo un techo en media luna

característico. Está equipada, llevar 14 cintas exprés.

EL ROGET
23. Estúpido hombre blanco

(230 m 7b+, 6b+ obl)
1ª ascensión: J. Castellà y A. Chueca en 2013.
Escalada dura, mantenida y sin expansiones. Primer y tercer largo marcadamente más trabajosos y difíciles, con secciones de roca a controlar. Re-

comendable a condición de ir rodado y bien de coco. Llevar friends 0,2 al 4 (repetir 0,3 al 2) y empotradores pequeños y medianos.

24. Vía Prima

(210 m, 6b+, 6a obl)
1ª ascensión: 24-I-1989 por J. Martí, J. Rigol, X. Barrachina y T. García.
Primera vía de la pared, es también la que goza de más éxito y repeticiones, seguramente debido a su bello trazado y espectaculares largos finales en atlético diedro. Precisamente el precioso último largo fue desequipado y ahora se debe proteger con friends, estando el resto de vía bastante equipada en general. Llevar juego de friends hasta el 4, repitiendo del 1 al 3, y fisureros opcionales. Descenso en rápel por la vía.

25. Vía Carnestoltes

(220 m, 7a/A0, 6a+ obl)
1ª ascensión: abril-1989 por J. Martí, T. García, Melchor, X. Barrachina y J. Batlle.
Clásica injustamente olvidada, nos permitirá forzar al gusto (o capacidades) con un mínimo grado obligado sobre roca de calidad y textura sorprendentes. Ataca el muro más imponente del Roget, pudiéndose liberar en la barrera del séptimo grado, a excepción de la primera mitad de L5, seguramente esperando algún octavogradista confirmado. Muy equipada en lo duro, presenta un trazado espectacular, con ambiente y roca de calidad a partir de L3. Vía a reivindicar. Llevar friends del 0,3 al 1.

Pau HERRERO
Armand BALLART
Redacción Desnivel

IV
6b
6a
7b+
6b
6b
23

EL ROGET
Cara sur

EL ROGET. Cara sur

23
24
25

III
30m
6b+
25m
6b+
6c+
30m
6b+
A0
30m
7a
30m
6b
6b+
40m
V+
V
V+
IV+
35m
V
IV

EL ROGET
Cara sur

24
25

PEDRAFORCA
INVERNAL
Una montaña "de verdad"

Hablar del Pedraforca en invierno provoca un indudable respeto: son palabras mayores. Con la llegada del frío y la nieve cambian radicalmente las condiciones para la práctica de cualquier actividad: el senderismo de verano abre paso a las ascensiones invernales, la clásica escalada en roca al alpinismo y las cascadas de hielo, e incluso el esquí de montaña se ofrece a los más fieles.

A la derecha, Ramón Solé escalando en el sector de hielo y drytooling El Salt del Diable. Hay años que las condiciones invernales han llegado a la primavera (la foto de abajo es de mayo 2019).

EN INVIERNO, la imponente cara norte cubierta de nieve es sin duda una muralla difícil de escalar que solo estará al alcance de escaladores experimentados. Encontrar buenas condiciones para la escalada en hielo, el alpinismo y el esquí de montaña en el macizo no es nada fácil. Sin embargo, todos los inviernos se puede hacer alguna de estas actividades.

Con las nevadas y el frío la montaña puede ofrecer unas condiciones óptimas para escalar las diferentes cascadas de hielo que se forman en sus principales torrentes.

La escalada en hielo en el Pedraforca depende en gran parte que los principales torrentes lleven agua y que las gélidas temperaturas se mantengan durante días. Algunos años es posible escalar en hielo desde el mes de diciembre hasta principios de marzo. Los clásicos del *Miner*, el *Verdet* o la *Gerdera* son torrentes que ofrecen numerosos resaltes con bonitas cascadas de diferentes dificultades. También encontraremos numerosas cascadas solitarias como la del *Arbret* o

STIVEN MOYANO

HIELO EN PEDRAFORCA

BRU BUSOM

Arriba, Roger Cararach escalando posiblemente la cascada más difícil del Pedraforca (que se forma muy raramente), en el Salt del Diable. A la derecha, foto de los años 90 de Rafa Vadillo escalando la *Somnis d'hivern*; y en grando, Alfons Valls escalando en solo en las Cascadas del Miner.

© acp

ÀNGEL COMPANYÓ

COL. RAFA VADILLO

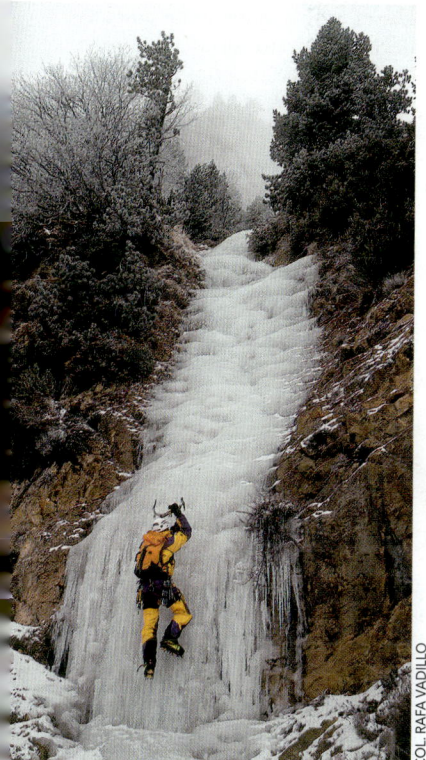

la *Berguedà*, entre otras, y algunos sectores más modernos para la práctica del drytooling y la escalada en hielo de dificultad.

Otra cara de las clásicas

Los clásicos itinerarios invernales: Canal del Riambau, La Grallera... también pueden ser escalados con crampones y piolets después de que la nieve realice su proceso de transformación, lo que a menudo es difícil en esta fría cara norte. Estos itinerarios pueden resultar muy difíciles y expuestos si las condiciones no son las adecuadas.

En cualquier época del año, la escalada con la roca seca, sin nieve y buena temperatura es agradable, y su multitud de itinerarios clásicos ofrecen a los escaladores diferentes posibilidades, sin embargo, cuando la cara norte se viste de blanco, la escalada se convierte en difícil, expuesta y, si la nieve no ha transformado, lo que es bastante habitual, resulta prácticamente imposible. Es oportuno destacar que, aun habiendo buenas condiciones, los largos fáciles en verano pueden ser muy complicados en invierno. Las características placas lisas de calcáreo,

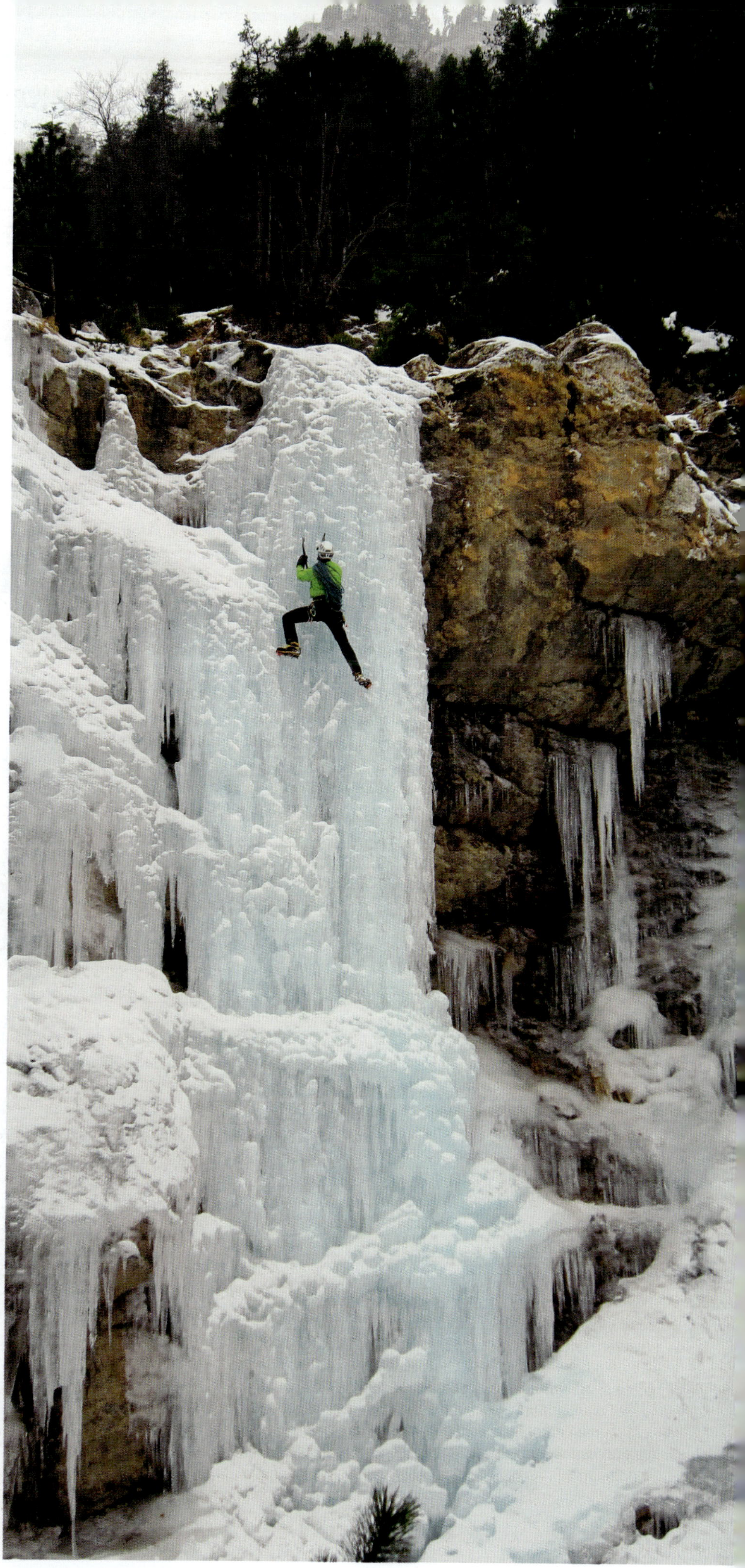

RICARD BALAGUER

que en verano superamos con adherencia, resultan un gran reto con botas y recubiertas de nieve.

No todos los inviernos se puede escalar en hielo en el Pedraforca con óptimas condiciones, mucho menos escalar los clásicos itinerarios de invierno y aún menos las vías clásicas de roca en condiciones invernales. Sin embargo, cuando se han podido escalar algunas de ellas, han sido consideradas actividades de un gran nivel.

Con el paso de los días, la nieve sometida a los cambios de temperatura durante el día y la noche empieza su proceso de transformación. Cuando la meterorología es favorable nos puede dejar las

JOAN "MINER"
y sus cascadas

«Cuando probé la escalada en hielo descubrí que picar hielo no era muy distinto de picar carbón en el interior de la mina», nos cuenta Joan Soler, apodado "Miner" por la profesión que ejerció durante 23 años, gran parte de ellos en la mina de carbón de Saldes (cerrada desde 2010). «El hecho de trabajar bajo tierra, con el calor, la humedad y la oscuridad, hacía que necesitara actividades al aire libre», nos explica; estaban empezando los noventa y la afición por la escalada en hielo en la zona todavía era incipiente. «Me fui aficionando en principio con un piolet recto y una pica que yo mismo modifiqué (no me iba demasiado bien, jajaja). Algunas veces iba a escalar con el mono de trabajo porque no tenía ropa técnica, aprovechando el tiempo libre antes o después de entrar al trabajo». No es solo uno de los pioneros de la zona, también se convirtió en el "informador": «Como vivía por allí, mucha gente empezó a conocerme porque les indicaba dónde encontrar cascadas de hielo que no eran las clásicas que conocía todo el mundo. La gente que me conoció en estos momentos empezó a llamarme con el mote de 'El Miner', y hasta ahora». Recuerda que Rafa Vadillo fue uno de los primeros a los que le enseñó un resalte con cascadas, y en alguna revista publicó un artículo con el título de *Las cascadas del Miner*, nombre que desde entonces conserva el sector. «Normalmente cuando empezaba el frío mi teléfono parecía una centralita metereológica, ya que todo el mundo me llamaba para saber el estado del hielo en las diferentes cascadas de la zona. También me dediqué a hacer una recopilación de todas las cascadas de hielo de la zona del Berguedà que las agrupé en un libro de reseñas que nunca publiqué porque cada vez hay menos hielo y el 70% de estas cascadas actualmente no se forman o se forman muy raramente». Asegura que en las vías clásicas del Pedraforca en invierno «es donde está el verdadero alpinista». A sus 53 años, ya prejubilado, sigue escalando de vez en cuando pero principalmente canaliza su energía en otras actividades como la BTT o las carreras por montaña, llegando a participar en pruebas como la Titan Desert, el Marathon des Sables o el Everest Trail Race. «También hago esquí de montaña, parpente... pero hielo ya poco, con estas temperaturas no da ni para un gin tonic». // **E.M.**

RICARD BALAGUER

clásicas vías de escalada en roca con unas condiciones invernales más que aceptables.

Una gran clásica de verano como puede ser la vía *Estasen*, escalada en invierno con unas condiciones de nieve endurecida y algunos tramos de hielo puede resultar una buena actividad de alpinismo.

La vía del *Gran Diedre*, muy difícil de encontrar en buenas condiciones de escalada invernal, resulta un bonito itinerario por un sistema de goulotte, diedro helado y fisuras de escalada mixta que pondrán a prueba nuestras habilidades.

Las clásicas vías *Pany*, *Homedes*, *Cerdà/Vergés*, *Cerdà/Pokorski* o *Carmeta* (del Calderer norte), o la *Xandri/Casanellas* o la *Font* del Pollegó Inferior, entre otras, también han sido escaladas algunas veces en condiciones invernales. En estas vías cabe destacar la dificultad

MÁS INFORMACIÓN

• *Guía Corredores del Pirineo: Pedraforca, Cadí, Cerdanya.* Por Pako Sánchez. Ed. Desnivel, 2011.

• *Blog de Pako Sánchez:* https://pakocrestas.word-press.com/2020/10/27/pe-draforca-cascadas-de-hielo/

• *Blog de Àngel Companyó:* https://toporoc.blogspot.com/2019/12/pedraforca-gel.html

que nos puede suponer superar algunos de sus tramos de roca.

Para terminar, insistir una vez más en que el Pedraforca completamente nevado es un terreno complejo. Es necesaria una buena formación, tener experiencia en alta montaña, conocimientos de seguridad y progresión invernal para poder realizar cualquier actividad invernal.

Ricard BALAGUER

(Miembro del GRAE, Bombers de La Generalitat de Catalunya Guía de Alta Montaña UIAGM)

Arriba, Marc Toralles en plena acción en el L1 de la vía del *Gran Diedre* (marzo 2018). Abajo, Ferrán Rodríguez en uno de los pasos clave de la *Estasen* (febrero 2020). Y a la izquierda, Roger Cararach en un bonito largo de la *Homedes* (marzo 2017). Las tres son grandes clásicas de la muralla norte, asequibles en verano, que en invierno muestran otro panorama. En la otra página, retrato de Joan Soler "Miner" en las cascadas del Pedraforca; el piolet que él mismo se fabricó en los inicios y una guía recopilatoria de cascadas del Berguedà que nunca llegó a publicar "porque ahora el 70% de las que salen no se forman, o lo hacen muy raramente".

RICARD BALAGUER

UN REGALO

Cuando la nieve abundante cubre las rocas de la famosa tartera,
se estabiliza el manto nivoso y el riesgo de aludes es bajo, se puede subir
con los esquís puestos hasta la misma cima del Pollegó Superior,
con su consiguiente y disfrutón descenso. Es uno de los regalos que
nos ofrece el invierno, lamentablemente cada vez
menos frecuente.

Araceli Segarra llegando a la
Enforcadura; y a la derecha,
Joan Cunill al inicio de la tartera.
Ambas son de la gran nevada
del inverno 2020.

PARA LAS TABLAS

PODRÍAMOS decir que prácticamente cada periodo invernal deja algun episodio de nieve en la montaña, esto no quiere decir que siempre podamos practicar esquí en el Pedraforca. El clima mediterráneo y la posición algo alejada de la cordillera axial pirenaica no ayudan a que las grandes borrascas de noroeste lleguen de forma frecuente o con suficiente cantidad de precipitación al Pedraforca. Las borrascas frías de sur o levante poco frecuentes son las que dejan un abundante manto blanco.

Llegar con esquís a la Enforcadura entre las dos cumbres de la montaña, Pollegó Superior y Pollegó inferior, es algo frecuente y maravilloso. Cada pocos años los que vamos siguiendo sus condiciones en invierno con ganas de piolets o esquís, a menudo encontramos un corto periodo de días en que nos podemos calzar los esquís.

Otra cosa es subir hasta la misma cumbre realizando un vertiginoso trazado sobre las pieles y luego bajar esquiando desde la mismísima punta. Se necesitan grandes cantidades de nieve para que los bloques, las canales y los resaltes de roca que separan el Pollegó Superior de la Enforcadura queden bien cubiertos. Si no tenéis vér-

tigo y sí un buen nivel de esquí, no dejéis pasar la ocasión. Puede que se necesiten 10 años o más para que se pueda repetir la experiencia. Sin duda una de las más mágicas que podréis recordar en esta montaña.

El recorrido más recomendable para hacer con esquís es el de la vía normal de la tartera (canchal) este de la montaña. Su orientación a la salida del sol y su fuerte pendiente permiten que la nieve se estabilice en pocos días después de las fuertes nevadas que se necesitan para que toda la vertiente quede cubierta de suficiente nieve para ser esquiada. Esta misma orientación permite una buena nieve crema/primavera para realitzar un agradable descenso.

Alargar la excursión, por lo tanto la posibilidad de hacer más horas de bajada, lo podremos hacer si a la subida y bajada por la vertiente este le añadimos un descenso por la tartera oeste que baja dirección Gósol, pero tendremos que pagar el peaje de

remontar de nuevo hasta la Enforcadura. Muy recomendable si la calidad de la nieve para bajar nos permite gozar de dos perfectos descensos. Normalmente uno en nieve fría y otro en nieve primavera.

La combinación de subir por alguna ruta de nieve de la cara norte con piolets y crampones (*Verdet, Grallera* o *Riambau*) para luego bajar esquiando, es otra de las grandes propuestas que nos ofrece esta montaña. Subir por la *Canal del Verdet* y bajar esquiando desde la cumbre o desde la Enforcadura sería la opción más asequible de estas propuestas. No fácil ni exenta de peligros. Las otras dos ya son palabras mayores de grandes salidas en el Pedraforca.

Alfons VALLS
(Exmiembro del GRAE
Guía de Alta Montaña UIAGM)

RICARD BALAGUER

GRAE
BOMBERS GENERALITAT
RESCATES
en el Pedra

Acudimos al Grupo de Actuaciones Especiales (GRAE), la unidad de los bomberos de la Generalitat especializada en salvamentos y rescates en el medio natural, para conocer cuáles son las causas más habituales que requieren su actuación en la montaña del Pedraforca, así como las claves para evitar accidentes.

FOTOS: GRAE GENERALITAT

No es necesario decir lo que el 'Pedra' representa para generaciones enteras de excursionistas, escaladores y alpinistas. Pero su importancia no se limita solo a la historia del alpinismo de nuestro país, también es relevante para el GRAE de Bombers de la Generalitat. Desde la creación del grupo, a mediados de los 80, ha sido para nosotros un terreno preferente de práctica y entreno por la variedad de sus escaladas y recorridos, y por ser un macizo en el que hemos realizado muchos rescates, algunos muy complejos.

El 'Pedra' es un escenario ideal para practicar una amplia variedad de actividades. Puede ir desde el excursionista medio que quiere alcanzar la cima por la vía normal, hasta el alpinista que aprovecha las condiciones invernales para ascender la cara norte por alguna de sus vías más técnicas. La gran variedad de rutas y la cantidad de personas que las recorre hace que los rescates sean muy frecuentes. Aunque buena parte de ellos

son técnicamente sencillos, también los hay de gran complejidad.

La cara norte destaca por su mayor longitud y condiciones más duras, pero todo el macizo posee un elevado grado de compromiso. Su carácter alpino y la complejidad del terreno hace que debamos tener en cuenta muchas variables. Seguir la ruta puede ser difícil, embarcarse es siempre una posibilidad y una retirada no suele ser fácil.

La variabilidad de las condiciones del hielo y la nieve, la roca que no es siempre excelente, la combinación de zonas que permiten avanzar con cierta seguridad con otras más inestables y los rápidos cambios meteorológicos, nos obligan a tener una sólida base de conocimientos y entrenamiento para sortear las dificultades. Las caídas de piedras, ya sea por causas naturales o provocadas por el paso de otras cordadas, hacen necesario prestar atención, tanto para no provocarlas como para protegernos en caso que se produzcan por encima.

Estas circunstancias requieren que cualquier ascensión deba ser cuidadosamente preparada, escogida según el nivel de los participantes y con una previsión meteorológica suficientemente segura.

El colofón a la preparación de una ascensión al 'Pedra' es la información que nos proporcionará el guarda del refugio Estasen. Nadie mejor que él para indicarnos si las condiciones son adecuadas para la ascensión que tenemos prevista. Además, al ser un observador atento de lo que ocurre en la zona y un bombero voluntario en contacto directo con el GRAE, es aconsejable informarle de nuestras intenciones y horarios previstos.

Otra opción para iniciarse en las escaladas en el 'Pedra' puede ser contratar un guía, quien nos conducirá por sus intrincadas rutas con la mayor seguridad. En cualquier caso, si a pesar de haber preparado meticulosamente la ascensión, surge algún incidente, será necesario llamar al 112. Un aviso a tiempo puede facilitar considerablemente el rescate.

CASO REAL
Rescate nocturno en la vía Estasen de la cara norte

Aviso y condiciones meteorológicas: Recibimos el aviso a las 20:47 h. En este horario ya es imposible el vuelo en helicóptero, por lo que desde el primer momento se plantea el rescate por tierra. En la cota 2500 del Pedraforca, la temperatura es de 2 grados y hay un viento de sur de 25 km/h.

Situación: Una cordada con experiencia en terrenos diversos se propone escalar esta vía. Planifican la salida y entran en la vía en un horario propicio, equipados con material de escalada en roca y distintas reseñas de la ruta. Entre los largos 8 y 9, el primero de cordada procede a recuperar las cuerdas una vez finalizado el largo. En este momento, debido a la fricción de las cuerdas, se produce un desprendimiento de rocas que corta y daña una de las cuerdas en diferentes puntos.

El segundo de la cordada recupera el largo con la cuerda sobrante y se reúnen finalmente en R9, donde evalúan la situación. Les queda una cuerda para poder continuar progresando y no han sufrido más daño debido al desprendimiento, por lo que deciden seguir hacia la cima. Avanzan por la ruta original de la vía Estasen hasta que llegan a un punto donde la cantidad de nieve helada hace que la escalada se vuelve muy expuesta y hace falta material invernal para progresar con seguridad. Reevalúan la situación definiendo distintas posibilidades:

• **¿Descenso en rápel?** Descartan esta opción debido a la complejidad de la vía y al hecho de disponer solo de una cuerda.

• **¿Pasar la noche allí y proseguir con la escalada, a la mañana siguiente?** No ven clara esta opción, ya que se encuentran en una zona expuesta de la pared y las consecuencias por hipotermia pueden ser graves.

Por último, optan por llamar al 112 y pedir ayuda. Desde el punto de vista del equipo de rescate esta era la mejor opción puesto que, dadas las condiciones de la pared y la zona donde se encontraban, cualquier otra acción podría haberse convertido en fatal. Una vez activados los equipos de rescate, se protegen con una manta térmica y aguardan su llegada.

ACTUACIÓN GRAE

Se activan dos bases GRAE con un total de 6 rescatadores, formando dos equipos de 3 rescatadores.

El primer equipo llega a la zona con el objetivo de localizar a la cordada en la pared y poder proporcionarles material de abrigo, comida y bebida caliente para poder hacer frente a la posible hipotermia (2 chaquetas, guantes, barritas, bebida azucarada y un saco de dormir).

Deciden subir por la tartera hasta la cima, donde llegan alrededor de la 1 de la madrugada. Una vez allí, destrepan un centenar de metros hasta que

pueden ubicar dónde se encuentran los escaladores. En este punto, montan instalación y fijan cuerdas para acceder a ellos, lográndolo alrededor a la 1:45 h. Ambas personas sufren estrés por frío, una de ellas de forma más acentuada, encontrándose en el umbral de hipotermia leve. Se les abriga y se les proporciona bebida caliente para que aumenten su temperatura corporal, ya que la idea es salir escalando por las cuerdas que se han fijado. Se descarta la opción de escalar por la ruta original debido a la sinuosidad del recorrido y a la cantidad de nieve helada que se acumula.

El segundo equipo tiene como objetivo reforzar el material de equipamiento, especialmente subir más material de punto caliente por si es necesario pasar la noche en el sitio. Una vez en la cima, equipan con cuerda todo el tramo hasta donde se encuentra el equipo 1, para facilitar la salida de los escaladores.

Aproximadamente a las 3.30 h de la madrugada, todos se encuentran en la cima. En este momento, considerando el horario y estado de las personas, se plantea la posibilidad de pasar la noche allí o bajar. Finalmente, se opta por la segunda opción y se hace el descenso por la tartera hasta llegar al refugio Estasen alrededor de las 6 de la mañana.

Arriba, un momento del rescate que se relata en esta página y a la izquierda otra de las habituales intervenciones del GRAE en el Pedraforca.

Plan b previsto: Como alternativa a la actuación realizada, se contempló la extracción de las personas a la mañana siguiente con el helicóptero y pasando la noche en un punto caliente instalado en lugar propicio. Esta opción se habría llevado a cabo si las condiciones técnicas hubieran sido más complejas o si, debido a las condiciones meteorológicas o al estado físico de las personas, hubiera sido imposible salir escalando.

CONCLUSIONES

Este es el relato de un rescate real, con los peligros objetivos y subjetivos que podemos encontrar en las ascensiones a cualquier macizo de carácter alpino. Por ello desde el GRAE insistimos en que la única manera de minimizar los riesgos es la correcta elección y preparación de cada ascensión. Pero si a pesar de ello se produce el incidente, debemos llamar al 112. El GRAE está operativo 24 horas 365 días y actúa con los medios necesarios en cada situación.

GRAE de Bombers de la Generalitat

NUESTRO
VUESTRO PEDR

Ofrecemos aquí una selección de los relatos y

fotografías enviados por los lectores que han respondido al

llamado realizado en redes sociales. Lamentablemente

no han podido entrar todos los recibidos, pues el limitado

espacio de la revista no puede abarcar el hechizo

que esta montaña despierta.

AFORCA

Pedraforca iluminado en la edición del *Llum I Llibertat* que se realizó el 10 de julio de 2021 y en el que 50 excursionistas voluntarios subieron con faroles a diferentes puntos estratégicos para iluminar la montaña.

NUESTRO VUESTRO **PEDRAFORCA**

Con final feliz

Era enero y pensamos mi hermano y yo que, después de tantas subidas a lo mas alto del Pollegó Superior, tocaba buscar otras rutas por esa misma montaña. Le propuse subir al Pollegó Inferior, no tan alto pero por lo que parecía un poco más aéreo y difícil. Como no podía ser de otra forma, mi hermano ni se lo pensó y me propuso fecha a la que accedí. Por esas fechas ya hace frío, por lo que era necesario equiparnos bien, pues según el parte el viento en las cotas más altas podía ser fuerte.

Salimos pronto del parking, subimos por el Verdet hasta la cima del Pollegó Superior para después bajar a la enforcadura y subir al Pollegó Inferior;

FOTOS: COL. ANTONIO PRAT

una trepada un poco expuesta y con un poco de hielo y que en nada estás arriba con unas vistas increíbles.

En esta salida pasaron cosas curiosas, como comprobar que mi vértigo sigue igual; en un paso un poco expuesto, sin los ánimos de mi hermano todavía estaría ahí. Una vez en la cima y con el fuerte viento inmortalizamos con una foto y seguimos hacia abajo por la carena, buscando la base de la tartera para volver al coche. En esa carena paramos a comer algo pues el viento no azotaba tan fuerte, justo al dejar la mochila en una roca encontramos una cartera de piel, alguien se la habría dejado ahí, así que la abrimos y encontramos el carnet de un rocódromo donde justamente mi hermano entrena dos o tres días por semana, así que sería fácil encontrar al dueño. Cuando mi hermano Tomás

fue al roco el chico de la cartera estaba entrenando, ¡un final feliz para nuestra ruta y para él!

Desde aquí doy las gracias a mi hermano Tomás para tantas salidas juntos a la montaña, ya sea en BTT, escalando o andando, la montaña une, en los buenos y malos momentos. No seremos los mejores de nada, pero seguimos saliendo y descubriendo. // **Antoni Prat**

La recompensa de vivaquear

Luego de pasar la noche en la cima del Puigmal haciendo vivac, me levanto antes de las 7:00 am y empiezo a prepararme para lo que va ha ser un amanecer espectacular. La niebla enganchada en el fondo del valle, los colores del amanecer provocados por un anticiclón, dan como resultado una paleta de colores increíbles. Disparo sin parar y a todos lados, el esfuerzo valió la pena. Cargar con todo lo necesario para dormir en la cima me permite estar en el tiempo y lugar adecuados, es un lujo, un placer al alcance de pocos. Combinar montañas y fotografías. // **Jordi Marcillo**

JORDI MARCILLO

COL. ESTHER PÉREZ

Para visibilizar la MSD

En esta ocasión nos decidimos a subir el Pollegó Inferior, mucho más solitario y un poco más difícil que el resto de cumbres del Pedraforca. Hoy somos Juanjo, Jordi, Carmen y una servidora, Esther. Algunos de nosotros ya lo habíamos ascendido, así que acordamos hacerlo por una ruta interesante y divertida. Uno de nuestros primeros pasos es la Cova dels Talibans, formada por dos cuevas consecutivas, en la primera nos ayudamos de unas cuerdas fijas, hacemos un flanqueo y llegamos a la segunda cueva por la que se trepa por su interior. Un poco más arriba empalmamos con la conocida Gran Diagonal, con un tramo final que con ayuda de una cuerda fija nos deja a los pies de la tartera del Torrent de Cal Ninot. Llegamos a otro de los puntos fuertes de esta ruta: una canal que

se va estrechando hasta llegar a un paso de grado III pero que gracias a una cuerda fija se supera con facilidad. Una vez en la cumbre, observamos la cantidad de personas tanto en la cima del popular Pollegó Superior como en su recorrido tanto de ascenso como de descenso mientras nosotros disfrutamos de las vistas y de la tranquilidad y soledad que también tiene el Calderer.

Para variar esta vez no descendemos caminando sino que seguimos la cresta del Pollegó Inferior dirección noroeste hasta que se corta de forma abrupta y encontramos las dos anillas para montar el primer rápel de 50 metros, que otamos por hacer en dos tramos de 20 y 30 m. El segundo rápel es el más espectacular, vertical, aéreo y disfrutón. Ahora ya solo nos queda hacer un tercer rápel de unos 20-30 metros que desciende por una grieta hasta dejarnos en la tartera de Saldes. Una vez allí, para su conservación, bajamos por el camino señalizado hasta llegar a un precioso bosque que nos llevará hasta el punto de inicio de la ruta. Ha sido una jornada completa y muy variada.

Una cumbre más que hacemos a favor de una Fundación llamada MSD @curamsd (en la foto que salimos los cuatro estamos cogiendo una braga de esta fundación), para dar a conocer y apoyar esta enfermedad rara, que es degenerativa y no tiene cura, pero se están haciendo investigaciones para frenarla y por ello le damos visibilidad. // **Esther Pérez**

Apertura de la *vía de l'Alicorn*, 1987

En el verano de 1986 tuve la suerte de pasar una buena temporada en el refugi Estasen y, escalando en la cara sur, vi que entre la vía *Ska* y la *Patum* había sitio para una línea más o menos natural. Se lo digo a mis amigos Jaume Salat (autor de la fotografía) y a Txus Itxart y rápido se apuntan al proyecto. Aquel verano abrimos los cuatro primeros largos desde abajo, colocando espits con ayuda de clavos, ganchos y algún plomo, y cuando llega el otoño regresamos a casa.

En junio de 1987 entro como guarda del refugio de Mont-Ral y esto me impide poder ir a acabar la vía, por lo que en septiembre cogemos un fin de semana y vamos con el objetivo de acabarla. Esta vez Jaume no puede venir, pero vamos Txus y yo. Por suerte nuestra Joan (el guarda) nos deja el taladro y parabolts y, decididos a acabarla, subimos arriba de la pared y equipamos el último largo desde arriba. Al día siguiente hacemos la primera ascensión junto a Carles Brics y Catx , amigos y asiduos de la zona. // **Pep Pascual**

PEP PASCUAL

Baile de invierno

Principios de febrero. El frío es amo y señor de la montaña, que viste sus mejores galas tras las últimas nevadas. Es viernes. Estoy solo, pero tú me acompañas siempre que subo al Pedraforca. Camino por la pista que recorre la cara norte del macizo dejando atrás las primeras cascadas hasta que llego a la parte baja de la cascada de *l'Arbret*. Aquí debo abandonar la pista y bajar por el torrente en busca de la cabecera de mi objetivo de hoy: la cascada *Miner 7* (II/5), tramo final de las Cascadas del Miner que suben desde muchos metros por debajo de mi posición. Debo ir con cuidado, ya que el hielo se descuelga unos 30 metros verticales hasta su base y un resbalón sería fatal. Como tantas otras veces, preparo el material para rapelar la cascada y me descuelgo disfrutando del ambiente y del silencio. Una vez abajo, admiro con respeto mi objetivo. Una joya que no se forma cada año y que hoy está lista solo para mí. Es hora de iniciar el baile. Piolets y crampones bien afilados. Escalar en solitario requiere de una serie de maniobras específicas no exentas de peligro que hay que haber practicado antes de meterse en el hielo. Voy ganando altura, disfrutando cada metro, no hay prisa. La concentración es máxima, los problemas cotidianos desaparecen. En unos minutos estoy arriba. La satisfacción y la alegría son inmensas. He completado el baile. La canción del invierno pronto acabará, el agua se pondrá en movimiento y la cascada desaparecerá hasta que las aguas vuelvan a ser detenidas por el aliento gélido del próximo invierno. Volveré. //**Marc Sánchez** (*Para Kira. Sempre al cor*).

FOTOS: MARC SÁNCHEZ

Marc en la cascada *Miner 7* (en solitario), y arriba el famoso zorro de Gresolet, "que tiene por costumbre acercarse a los montañeros para pedir comida".

JUSTIN MORGAN

Una montaña bien salvaje

En marzo de 2022, pasé una semana en el pueblo de Saldes desconectándome del ruido y escapando de la ciudad que habito, Madrid. Pasé la semana solo en el hostal rural Cal Xic, explorando a pie todo lo que ofrece la zona, desde alta montaña hasta ríos corrientes. Vine en una época muerta, cuando no había nadie en el hostal aparte de la dueña, María Josep, y todos los restaurantes estaban de horario de temporada baja. A pesar de eso, descubrí que en cualquier temporada la zona de Saldes ofrece una multitud de cosas que hacer.

Después de un día soleado, que me permitió subir al famoso collado de Pedraforca, vino un frente de nieve en cotas altas y nubes bajas. Con las nubes ocultando su base, sus Pollegós me miraron desde arriba, como si les hubiese hecho enojar por atreverme a subirlos el día anterior. Las paredes de caliza dominaban todo el paisaje. En vez de arriesgarme intentando subir por otro lado el Pollegó Superior, decidí caminar por el parque natural por abajo, que tiene varios refugios, ríos y grandes vistas de la zona. Terminé al otro del valle de Saldes y allí saqué la que creo que es una de las mejores fotos que he hecho en mi vida. Fue difícil capturar una montaña tan imponente –las fotos siempre te mienten– pero esta foto sí dice la verdad y es que, aunque relativamente baja comparada con Aneto y Posets, el Pedraforca es una montaña bien salvaje. // **Justin Morgan**

El Pedraforca como fuente inagotable de creatividad

Las montañas nos ofrecen un lienzo diverso de experiencias que va más allá de su imponente presencia física. Hay una conexión única entre el ser humano y las montañas, una relación que se manifiesta de diversas formas. Para algunos, la expresión más pura de este amor se encuentra en la acción desafiante de escalar, mientras que para otros es en la libertad del esquí alpino, en el barranquismo o en recorrer las cimas imponentes que nos rodean.

Pero, más allá de la adrenalina y la acción, las montañas son también fuente de espiritualidad y belleza. Aquellos que buscan la serenidad y la contemplación encuentran en la montaña un refugio para sus almas. La montaña es una manifestación de arte en sí misma. Su perfil imponente, las texturas cambiantes con las estaciones, las variaciones de luz y sombra a lo claro del día... Cada

COL. MOLTA MUNTANYA

pico, cada valle, cuenta una historia de la tierra, una narrativa tallada por el viento y el tiempo.

El Pedraforca, majestuosa montaña que se levanta imponente en el horizonte, no es simplemente una formación geológica para nosotros; es una fuente inagotable de inspiración. Hemos subido tantas veces, acompañados de amigos, en solitario, en verano, en invierno... Y cada ascensión nos ha dado lecciones de humildad y respeto por la naturaleza que nos rodea. El Pedraforca se erige como una musa inagotable, con su perfil distintivo, con sus dos cimas como guardianes silenciosos, la majestuosidad de sus picos, esculpidos por la mano del tiempo.

Tras cada ascenso surge la necesidad de plasmar en papel las sensaciones vividas en las alturas. En el silencio de la montaña (roto por alguna que otra carcajada), la mente da rienda a la imaginación y es en el acto de dibujar que se busca capturar la esencia de la experiencia vivida. Los dibujos de las montañas se convierten en mapas emocionales que llevan consigo las huellas de cada paso, cada esfuerzo y cada logro alcanzado.

Dibujar esas cimas es un acto de reverencia hacia la naturaleza y un intento de preservar en el papel las emociones fugaces que solo las alturas pueden evocar. Es el arte como testigo, como medio para prolongar la experiencia más allá de la cumbre, recordándonos que cada montaña es mucho más que un simple conjunto de rocas; es una historia que merece ser contada, trazada y compartida. Jamás nos cansaremos de subir y dibujar montañas. // **Ferrán y Mar.** *Molta Muntanya*

PEDRAFORCA
42°14'N 001°42'E

NUESTRO VUESTRO **PEDRAFORCA**

Un recuerdo imborrable

Mi historia empieza bien lejos del Pedraforca, en un refugio del Montroig llamado el Búho donde al llegar a dormir encontré un grupo de escaladores: Àlex Vives, Armand Ballart y Josep María Anglada con su mujer. Un poco acongojado ante tan inesperada e ilustre compañía compartimos brasas y anécdotas. Alex nos invitó a pasar por el refugio Lluís Estasen, donde trabajaba, puesto que era el yerno de Joan Martí, el guarda.

En agosto de 2002 nos decidimos a visitar el Pedraforca. Nada más llegar Àlex nos propuso hacer la primera repetición de la *Via de la Nina*, que justo había abierto junto a Armand Ballart la semana anterior. Con mucha cortesía y amabilidad nos facilitó una reseña y nos acompañó hasta al pie de vía. Hasta aquí todo era normal, pero entonces las cosas empezaron a tomar un aire surrealista.

Mientras preparaba las cuerdas, Alex se calzó los pies de gato y se fue encaramando en solo por la paret de la Dent de Cabirols, cruzando distintas vías. Hasta se permitió el lujo de echar un cable a una cordada de escaladores noveles que estaban en la *Civis/Genis* y montarles la reunión.

Por mi parte empecé la vía, muy bonita por cierto. En el segundo largo, un espectacular diedro de 6b, cuando estaba en oposición, se rompió el canto del pie izquierdo y sufrí una pequeña caída. El largo estaba bien asegurado y si no fuera por el chapaje

EUSEBIO FULLEDA

La calle de mi niñez

Desde mi niñez hasta mi juventud y parte de la madurez viví en un barrio del extrarradio barcelonés llamado Ciutat Meridiana, donde todas las calles tienen nombres de montañas catalanas; yo vivía en la calle Pedraforca... No sé si por eso siempre me atrajeron las montañas y el Pedraforca, cómo no, de manera especial. En 1996, con mis amigos David y Luis, decidimos subir al Pedraforca, la montaña más mítica de Catalunya junto con Montserrat. Entonces éramos unos novatos aprendices de montañeros, la subimos por la tartera interminable del lado de Saldes. Aquella primera vez subimos con una botella de cava que abrimos en la cima (al llegar la hundimos en la nieve para que estuviera fresco) y brindamos en lo más alto del Pedraforca ante el asombro de varios montañeros ; bajamos un poco haciendo eses, je je... Para mí es una de las montañas más bonitas de España, ya cuando vas subiendo por la carretera de Saldes y de repente aparece enhiesta, vertical y con ese impulso que tiene, no puedes apartar la mirada de ella. // **Eusebio Fulleda**

SERGI PARÉS BARDAJILLA

Sergi en la *Vía de la Nina* (2002), de la que hizo una de las primeras repeticiones, y nunca olvidará.

alternativo de las cuerdas hubiera sido una caída sin repercusión, pero la mala suerte quiso que mis muñecas rozaran la trayectoria de las cuerdas en la volada, causando sendas quemaduras de tercer grado.

Terminé el largo y mi compañera llegó a la reunión. La fina brisa que soplaba provocaba un escozor en las muñecas bastante insoportable y cualquier roce con la pared dolía lo que no está escrito. Mi compañera me propuso abandonar, pero mi orgullo me lo impidió, después de tanta amabilidad y confianza por parte de Àlex no podía volver al refugio sin completar la vía. Me hubiera sentido avergonzado. Así que continué escalando.

Al llegar al refugio Àlex nos esperaba impaciente para que le diéramos nuestra opinión de la vía. Fue entonces cuando le enseñé las muñecas y le pedí un botiquín para curar las quemaduras. Sin darme ni cuenta estaba en la cocina del refugio, con las palmas de las manos hacia arriba, con los trabajadores alternando las curas, con el trabajo de servir las cenas. Picando aperitivos, rodeado de risas y cervezas, Joan Martí buscando la suya a viva voz... y yo con una en cada mano. Eso sí, tú estate quieto y con las manos hacia arriba que no podemos hacerte la cura. Salí de la cocina casi una hora más tarde, con las muñecas perfectamente vendadas y más contento de lo que había entrado. Mi compañera me miraba mal, un poco fastidiada con la espera, quizá también por el tono rojizo de mis ojos. Semejante trato no lo había recibido nunca en un refugio. Guardo como recuerdo las cicatrices en mis muñecas. // **Sergi Parés Bardajil**

XEVI GOLET

El roco de Saldes

Yo soy de Barcelona, me vine a vivir a Saldes con mis hijos, Noa y Pau, hace ocho años. Me dedico a los trabajos verticales y, como tantos otros, decidí "autoexiliarme" del hormigón para poder vivir la montaña y no solo venir a escalar los fines de semana. La idea es ser un poco más parte de la montaña, jugar en casa, descubrir nuevas rutas, meterte en sitios donde no va nadie... Se vive diferente cuando te levantas cada día a sus pies.

La escalada y Saldes están fuertemente ligadas puesto que los une el Pedraforca, cuna del alpinismo catalán. La iniciativa de montar un rocódromo aquí nació de un grupo de personas del valle –varias de ellas guías de montaña–

que, gracias al espaldarazo económico del Ayuntamiento, se animaron a crear este espacio hace dos años. Su realización ha sido posible gracias al aporte de más de 600 presas por parte del Ayuntamiento, que también ha cedido el espacio, así como a la colaboración desinteresada de escaladores y escaladoras del valle que, de forma altruista, han ayudado a construirlo. Es un búlder con recorridos horizontales de distinta dificultad (no supera los 3,20 metros de altura), de entrada libre y gratuita. Nuestra idea fue tener un lugar en el que pudiéramos entrenar y motivar a otros a que lo probaran. De hecho, varios jóvenes del pueblo que no escalaban, ahora llevan los pies de gato cuando van al parque. // **Iván Maldonado**

La *Xandri/Casanellas*, 75 años después

Desde el recuerdo de aquella escalada a la vía Xandri/Casanellas con mi amigo Joan Roca en octubre de 2008, 75 años después de su apertura, vienen a mi memoria las sensaciones vividas en ella, desde las primeras luces de la albada que acompañaron en la subida por la Tartera de Saldes, hasta que hollamos la cima del Pollegó inferior, con unas miradas llenas de complicidad en la tenue luz de un atardecer de otoño ya empezado. Una escalada que desde su inicio invitaba a superar con mediana, pero expuesta dificultad, pasajes verticales que llevaban a la cima. Un primer largo hasta montar reunión en una pequeña concavidad daba paso a un aéreo flanqueo donde un oxidado pitón indicaba referencia a la dirección a seguir, con el vacío de la Tartera a los pies. Reunidos en el punto donde la vía original va por la izquierda de la canal, nosotros elegimos una variante más difícil que va por la canal y sale por la arista W y de ahí a la cima para luego bajar por las Costas d'en Dou hasta la Tartera. // **Xevi Golet**

COL. IVÁN MALDONADO

Un sentimiento duradero

El Pedraforca tiene un significado especial, fue la primera montaña que mi pareja Iraia y yo ascendimos juntos, dando comienzo a nuestra aventura. Fue el 18 de mayo de 2018. Por entonces manteníamos una relación a distancia. A pesar de ser ambos de Bilbao, llevábamos años viviendo fuera, ella en Barcelona y yo en Londres. A sabiendas de mi predilección por la montaña, me propuso una cita en esta emblemática montaña. Una única condición, la planificación de la ruta a mi cuenta. Opté por el itinerario clásico: ruta circular con punto de partida en el mirador de Gresolet, pasando por el refugio para luego ascender por el

Verdet hasta la cima del Pollegó Inferior y descenso por la Tartera.

Dicen que el sentimiento de hacer cumbre es efímero; no para nosotros aquel día. Nos encontrábamos pletóricos. Recuerdo hacer alarde de mi experiencia y subir a duras penas, ayudándome de las cadenas de acero, al Calderer, para luego volver a encontrarnos en la Enforcadura. Aquella fue la primera de muchas aventuras juntos. Meses después recogía todos mis bártulos para mudarme a Barcelona. Hace ya un tiempo leí que en la montaña se descubre la auténtica naturaleza de la persona. No podría estar más de acuerdo. Desde entonces, no hay año en el que no acuda a mi cita, preferiblemente en invierno. // **David Maeso**

COL. DAVID MAESO

«Un lienzo al óleo pintado por una amiga cuelga en nuestro salón rememorando aquel día».

IRENE DÍAZ

*Nunca muere
quien nunca se olvida.*

Luis Manzaneda

(28/10/1980 – 21/03/2023)

MUCHOS escaladores, especialmente los solitarios, somos personas introvertidas, de apariencia distante, a las que es difícil acceder. Paradójicamente, cuando se rompen esas primeras barreras, muchas veces se establecen vínculos genuinos, sinceros y perdurables. Luis era también una de esas personas, reservado y de aire severo, impresionaba de buenas a primeras.

De la misma promoción bomberil, nos conocimos hace casi veinte años y, a pesar que nos unía la pasión por la escalada, nunca habíamos conectado. Fue a raíz de la repetición y liberación de una vía que abrió en el Pedraforca donde rompimos esa invisible valla, estableciendo una relación próxima y sincera, unidos por nuestra gran pasión, la escalada de aventura y la apertura de vías.

Luis desarrolló esa pasión por infinidad de paredes en Catalunya y el resto del mundo. Viajero empedernido, escaló en países como Madagascar, Noruega, Grecia, Estados Unidos (donde se quedó muy cerca de repetir la *Nose* en solitario y en el día) y has-

ta en Kenya, abriendo una vía en el Mont Ololokwe en solitario, con una caída incluida que le retuvo un día entero parado en la hamaca pero que no pudo con su determinación. En casa, desplegó su actividad especialmente en su querida Mussara y Prades en general, Montsant, Montserrat, Montsec y Pedraforca. Aquí, en la montaña de dos cabezas, abrió hasta cinco vías que se conozca: dos acompañado (*Depedradors* y *Sin Papeles*), una en solitario (*Treparriscos*) y dos en solo integral, actividad que dominaba con maestría y en la que sobresalió con su solo a la famosa *Punsola-Reniu* del Cavall Bernat, en Montserrat.

Precisamente, su primera apertura en el Pedraforca, *Treparriscos*, abierta sin expansiones, en solitario y en 6 horas y media, fue la segunda después de un grave accidente sufrido en Montserrat, a raíz del cual los médicos pronosticaron que no volvería a escalar ni a trabajar. Evidentemente, los médicos se equivocaron en las dos cosas. Con su capacidad de sacrificio y superación, fue un ejemplo de lo que se puede llegar a alcanzar con determina-

ción, perseverancia y esfuerzo, sin perder la convicción en uno mismo.

En sus primeras ascensiones, la mayoría abiertas en solitario, buscó siempre un marcado carácter de aventura, destacando también por cierto cariz de osadía, resultando no aptas para todos los públicos. Su otra gran pasión y actividad en la que despuntó fue el salto base. Realizó multitud de saltos en paredes cercanas o del extranjero, protagonizando diversos primeros saltos, algunos tan especiales como los inaugurados en Siurana (Reina Mora) o Montserrat (Frare Gros).

En sus propias palabras, Luis intentó ser coherente con su manera de ver la vida, siguió sus sueños con pasión, cerca de su familia y de los paisajes que amaba. Las personas cercanas lo recordamos por la impronta que dejó, en forma de amor, experiencias compartidas o increíbles vías en las paredes del país.

Pau HERRERO

(El 21 de marzo de 2023 Luis Manzaneda nos dejó en un desafortunado accidente en Montrebei).